JN151609

松本十郎の漁場改革と新ひだか町静内の歴史

―及川甚兵衛が語る明治初期の静内―

及川　邦廣［編著］

北海道出版企画センター

はじめに

筆者の先祖に、明治初期静内郡で建築請負師、漁場経営者、郵便取扱人、証券印紙売捌人、駅逓取扱役として活躍した人物がいる。天保元年（一八三〇）岩手県和賀郡岩崎村（現在の北上市）の農家に生まれ、明治三十四年（一九〇一）七十二歳で没した四代前の高祖父及川甚兵衛である。しかし、ゆかりのものは家に何も残っていなかったため、このような経歴を知ったのは開拓使文書を読み始めてからである。ただ、筆者は若い時岩手県の高祖父の生家を訪ねたことがあり、歴史を感じさせる石塀に囲まれた農家であったこと、馬がまるで家族の一員のように母屋で飼われていたこと、帯刀を許されていたことを示す刀が受け継がれていたことを今も鮮明に覚えている。

及川甚兵衛は民間人ながら事業家として開拓使と様々な文書のやり取りをし、それらの文書は「開拓使文書」として北海道立文書館に残されている。また、及川甚兵衛の名前が記された二枚の静内郡図も発見されている。一枚の絵図には「及川甚兵衛拝借地」と記された海岸が描かれ、もう一枚の絵図の付箋には及川甚兵衛が漁場経営を申し出たことが記されている。古地図に個人名が載ることはそうあることではない。これらの図は何を語り、どんな歴史的意味を持つのであろうか。本書はこのような疑問から生まれたと言える。

高祖父の事業や公職に関する「開拓使文書」を翻刻する過程で、明治初期の静内郡の姿が浮かび上がってきた。これまで知られていなかったこともあった。本書では文書を時系列で整理し、可能な限り絵図・図面を掲載した。例えば、「開拓使静内出張所」図面は、及川甚兵衛が「建築請負師」として同図面を「仕様書」に添付していたため目にすることができたものである。

「及川家」という一家族のファミリーヒストリー、「静内郡」という一地方の歴史を通じて見えてきたものがある。それは明治初期の北海道開拓に関わる諸問題、問題解決のため誠心誠意尽力した「開拓使本庁」大判官松本十郎の姿である。「静内郡之図」（図類二三六　北大）は、松本十郎が辞職直前に取り組んだ静内郡漁場改革遂行の際用いられた絵図だが、付箋を詳細に読むと、彼の指示や小さな認め印から、アイヌ住民を守ろうとする彼の強い意志を感じることができる。彼は優れた洞察力で問題点を見抜き、弱者の立場に配慮した上で、問題解決のビジョンを示し、入念な指示を部下に与えていた。明治九年松本十郎は樺太アイヌ住民の処遇を巡る黒田清隆との対立から、開拓使を去った。松本十郎は行政とはいかにあるべきか、「弱者に寄り添う」とはどういうことか、「生きざま」を通じ、後世の私たちに語りかけているように感じられるのである。

一片の書きつけ・認め印が時を超え筆者の心を揺さぶったように、人は過去から何かを感じ、学ぶことができる。私たち一人ひとりが過去を直視し、洞察力を高め、各地域やわが国のあるべき姿をしっかり見据えることができるなら、私たちは望ましい未来を創り出すことができるであろう。

目次

はじめに
第Ⅰ章　稲田家静内郡移住 …… 7
第一節　文書と絵図が示す稲田家移住前後の静内郡 …… 8
文書が示すもの …… 8
絵図が示すもの …… 10
第二節　稲田家住宅建設 …… 12
建築請負師 …… 12
木材の調達 …… 13
木材運搬ルート「沖掛リ」 …… 14
住宅建設における及川甚兵衛の役割 …… 16
及川甚兵衛「稲田家」より土地拝借 …… 16
第Ⅱ章　及川甚兵衛関連文書が語る静内の歴史 …… 19
第一節「開拓使」時代 …… 20
第一項　明治七年 …… 20

静内出張所（修理）請負／開拓使静内出張所官員と内部図面／開拓使静内出張所の所在地／静内出張所の変遷／及川甚兵衛建築請負／旅籠屋営業申請／鹿角皮取引／角皮取扱（許可証）／空屋入札／小休所払下げ
第二項　明治八年……34
郵便取扱人／郵便取扱人辞令／証券印紙売捌人／鹿角皮取引回覧文書／鹿角皮取引（報告）／新冠牧場馬屋工事／及川甚兵衛鮭漁場経営／新冠牧場南部種馬用馬屋新築工事／建築請負師・及川甚兵衛／南部種馬用馬屋新築工事代金受領領収書／新冠牧場種馬遊歩場柵建設／沙流郡駅建家屋根修繕仕様／沙流郡駅所建家屋根修繕積書
第三項　明治九年……52
及川甚兵衛の古川鮭漁上納金／及川甚兵衛の鮭漁場税金代納
第四項　明治十年……55
収入印紙・証紙売捌人／昆布場経営／評価人／標木調達／貸し馬・たばこ・酒小売り業
第五項　明治十一年……61
駅逓計画
第六項　明治十三年……62
薪取扱／炭焼営業／木材入札／五等郵便取扱人
第七項　明治十四年……66
駅逓準備／新駅逓計画案

第二節　札幌県時代……68
下々方駅逓取扱役拝命……69
沙流郡門別学校へ寄附……70
政府高官及川甚兵衛方へ……71
第Ⅲ章　二枚の静内郡図が語るもの……73
第一節　「静内郡之図」……74
第一項　「静内郡之図」の特色……74
これまでの「静内郡之図」に関する見解／及川甚兵衛に関する付箋／付箋に残る松本十郎の指示／付箋が示す同図成立年／「静内郡之図」と開拓使文書との照合
第二項　松本十郎の静内漁場改革と「静内郡之図」……78
浦川様似静内三郡漁場改革之義上申／松本十郎翁頌徳碑／及川甚兵衛古川鮭漁場経営／「静内郡之図」は松本十郎静内漁場改革資料／「静内郡之図」から見えたもの
第二節　「日高国静内郡図」……85
第一項　「日高国静内郡図」に触れた文書……85
第二項　「日高国静内郡図」が描いているもの……86
1「牧馬柵」／2「八マン社」／八幡社とは／3「学校」／4「拝借地」
①「土人共拝借地」／②「移住人拝借地」／③「及川拝借地」／④「及川甚兵衛拝借地」

第三項　札幌県における地図作成 …… 107
「地理係」／福士成豊の「管内略図」作成に関する上申／「管内略図」の作成開始／「管内略図」例／「日高国静内郡略図」
第四項　「日高国静内郡図」(新ひだか町静内博物館所蔵)を作成した人物 …… 114
「地理係」で静内郡測量を行った職員／大槌貞幹の経歴／大槌貞幹が「日高国静内郡図」を作成したと推定／「日高国静内郡図」から見えたもの
おわりに …… 120
引用・参考文献 …… 122

第Ⅰ章　稲田家静内郡移住

開拓者集団上陸地

本章では静内郡の歴史を明治四年に遡って紐解きたい。静内郡の歴史に劇的な変化をもたらした稲田家の移住が始まったからである。

第一節　文書と絵図が示す稲田家移住前後の静内郡

文書が示すもの

「辛未年里程調書緘込」（六三〇五）により、明治四年の静内郡の交通網は次のようであったことが分かる。

日高國静内郡　西　新冠境　シンヌツより
　　　　　　　東　三石境　ブッシ迄　海岸通街道四里三十丁総而平
　　　　　　　　　　　　　　　　　　地ニ御座候
同郡本陣駅場モンベツより
　　　　　　　西　新冠本陣駅場迄　四里
　　　　　　　東　三石本陣駅場迄　三里三十一丁
同郡板橋　　　シビチャリ　　　　　長十四間
　　　　　　　ウラ　　　　　　　　同　六間
　　　　　　　モンベツ　　　　　　同弐十間　三ヶ所御座候

但　外ニ小川板橋数ヶ処御座候

同郡船渡　シビチヤリ　幅六十間

ブッシ　同　拾間　二ヶ所御座候

但　減水之節歩渡

同郡継立人馬御座候

同郡小休所　西　シビチヤリ

東　ブッシ二ヶ所御座候

以上

「辛未年里程調書綴込」（六三〇五）

「西新冠境シンヌツより東三石境ブッシ迄」により静内郡の範囲は西は新冠との境「シンヌツ」東は三石との境「ブッシ」まで、「海岸通街道四里三十丁総而平地」より、街道は海岸沿いの平坦路であったことがわかる。「駅場、本陣駅場モンベツ」より、本陣・駅場はモンベツ（捫別村、現在の東静内）にあったことが明らかである。この本陣は「角見本陣」とも呼ばれていた。「板橋、シビチヤリ　長十四間、ウラ六間、モンベツ弐十間三ヶ所」より、明治四年現在の古川も「シビチヤリ」と呼ばれていたことが判明した。「船渡、シビチヤリ　幅六十間、ブッシ拾間二ヶ所」より、この「シビチヤリ」は現在の静内川、「ブッシ」は現在の布辻川を指していることが明らかである。なお、「但　減水之節歩渡」から、水深が浅いときは歩いて渡ることができたことがわかる。「小休所、西シビチヤリ　東ブッシ二ヶ所」

より、「小休所」すなわち、休憩所が「シビチャリ」（特に、ここでは古川と静内川の間）と「ブッシ」にあったことを示している。稲田家の移住はこのような交通インフラのもと行われたのであった。

『静内町史』（昭和三十八年版、九七一頁）によれば、「明治四年本山大谷派の指揮により静内郡への布教に及川甚兵衛、瀬川芳蔵らと相談し、浄運大信をして出張させ布教につとめていたといわれる」との記述があるように、下々方村最初の寺院は浄運寺である。現住職手捲公俊氏によれば、「最初のお寺は静内駅の構内にあった」とのことである。つまり、「根室街道」沿いにあったことになり、下々方村の発展の歴史を考えると納得できる。また、お寺のはじまりについて同住職は「お寺の過去帳からは、もう少し以前からお寺があったか、事実上お寺として機能していたようである」とのことである。

絵図が示すもの

「静内郡絵図面」（図類二三四　北大）は成立年が特定されていない絵図である。しかし、同図に複数の「開墾地見立」、すなわち開墾予定地と記された場所が記されているため、同図が稲田家入植以前の下々方村の様子を描いていることは自明である。同図に注目すると中央部に鳥居と見られるものがある。下々方村に天保の初めからあったと伝えられている「蛭子神社」の鳥居であると推定される。『静内町史』（昭和三十八年版、九六四頁）によると、社殿は下々方村字古川第一番屋敷に置かれ、「明治元年開拓使渡島国亀田郡函館商人佐野専左衛門ナルモノ静内郡一円ノ漁場ヲ所有セシ中豊漁ヲ祈ランカ為漁神ニ勧請（後略）」との記述から、社殿は佐野専左衛門によって明治元年に建てられていたことが判明している。

同図の海岸線の建物は佐野専左衛門の漁場関係の施設と推定される。幕末からこの地域は鰯・鮭漁場

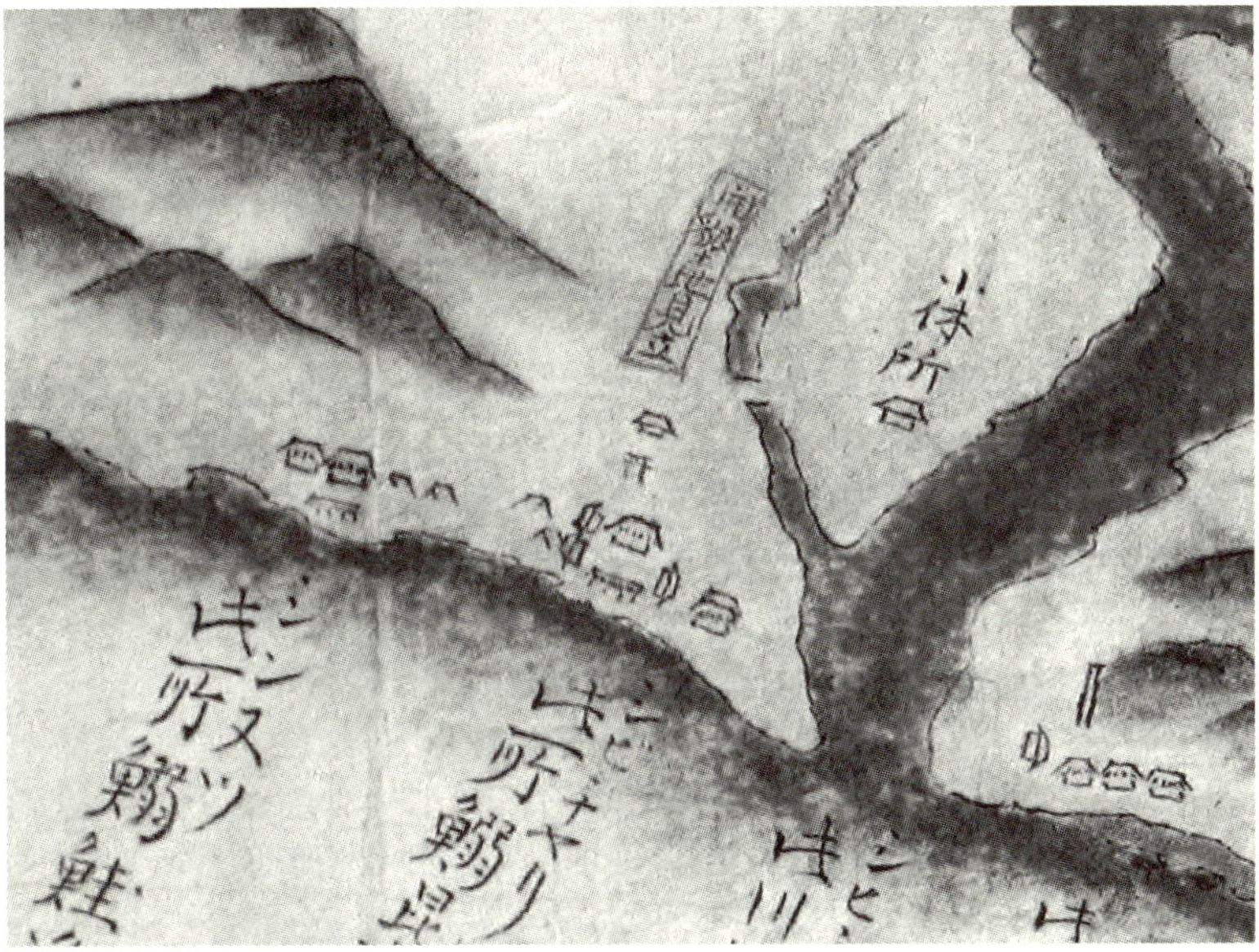

「静内郡絵図面」部分拡大（図類二三四　北大）

「根室街道」跡（静内海岸町１丁目）

静内川渡船場跡（静内川右岸緑地）

として栄え、下々方村の中心地であった。同図から明らかなように、古川と静内川の間に「小休所」が設けられていた。「辛未年里程調書緘込」（六三〇五）からも明らかである。当時函館から根室方面に向かう旅人は、海岸沿いの通称「根室街道」を通って下々方村に入り、「シビチャリ」と呼ばれた古川を渡り「小休所」で休憩した後、渡舟で再び「シビチャリ」と呼ばれた静内川を越えたのである。当時の「シビチャリ」は一つの大きな川と見なされていたからと推測される。

第二節　稲田家住宅建設

建築請負師

稲田家住宅建築を請け負ったのは誰か。「私事願伺届」（三四五）によると、稲田家住宅建築工事を請け負ったのは「稲田家従五位雇人」の肩書を持った元豊橋藩士族加藤幾蔵であった。加藤幾蔵は稲田家住宅建築請負師として静内郡、函館、東京などを往き来していた。例えば「私事願届」（三四九）によると、「稲田家開拓用ニ付当港迠罷出弁天町一丁目菊地屋梅三郎宅ニ止宿罷在候」（文書日付明治四年九月八日）と稲田家の住宅建設用務で函館弁天町町菊地屋梅三郎宅に滞在したこと、「私事願伺届」（三五〇）によると、「用事相済候ニ付当港より蒸気船乗込仕東京へ罷出度候」（明治四年十一月二十六日の文書）と用務を終え函館港より蒸気船で上京したことなどが記録されていた。彼の補佐とも言える人物が山田粂右衛門であった。彼は兵庫県貫族で稲田家の関係者であることは明らかである。「私事願伺届」（三四五）には、山田粂右衛門が岩手県大畑まで出張した記録がある。建築資材の調達のためであろうか。二人の建築請負師は前述のように「稲田家開拓用ニ付」各地を訪問していた。

木材の調達

稲田家住宅建設用木材はどのように調達されたのであろうか。『静内町史』（増補改訂版、二八六頁）は、瀬川芳蔵談として次のように述べている。「移住者の家屋は東京人加藤幾造なる者之を受請い、染退川上流より搬材伐出準備をせしが、之より先同人秋田県下より略準備をなし運搬し来たりしもの百戸位の建物は（中略）下々方に七、八戸、中下方、上下方、目名、遠払等順次之を建設（後略）」。すなわち、地元の染退川上流より伐採した木材と秋田県から切組加工された木材が調達されたと瀬川芳蔵は述べていた。開拓使文書で木材の調達先を捜すことはできなかったが、「私事願伺届」（三四五）から建築請負師山田粂右衛門が明治四年七月「静内郡開拓家作ニ付」、「南部大畑迄罷越」すなわち、静内郡住宅建設のため、「南部きこり」がいたと言われている南部大畑村（現在の青森県むつ市）に出かけたことが判明した。いずれにせよ、道外で加工された木材はどのように静内郡に搬入されたのであろうか。陸路で運ばれた可能性はほとんどない。しかし、これまで下々方村の海岸に港があったことを示す古地図や文書は見当たらなかった。

木材運搬ルート「沖掛リ」

筆者は下々方村海岸に「沖掛リ」すなわち、「沖合の船の停泊地」があったことを示す文書を発見した。「明治十二年静内製藍」（三八三七）に、明治四年の下々方村「沖掛リ」の詳細を明らかにした文書があった。紛れていたと言うべきかも知れない。「明治四未極月勧農局静内郡新冠郡取調帳」という文書である。稲田家「勧農局」が「明治四未極月」すなわち、明治四年十二月にまとめたものである。稲田家の静内郡・新冠郡支配は同年八月に終わっていたが、実は「勧農局」は事務引継のためその後も存在していたことがこの文書から明らかになった。同文書には静内郡下々方村の船の停泊地は、「静内郡下方村真沼津漁小家前沖掛リ方未申ニ向」、「但し海底砂海岸ヨリ弐拾丁沖合」すなわち、「下々方村真沼津（シンヌツ）の漁小家前南西の方角、砂浜よりおよそ二キロの沖合」と記載されていた。また、「深サ拾七尋弐百五拾石積ヨリ千七百石積迠之船碇泊」から「水深二十五メートルで二五〇石から一七〇〇石積みの船が停泊できた」こと、「四季未申之風要シ」から「年中南西の風が必要であった」こと、「囲船不成」から「冬期間船を係留しておくことができなかった」ことなどが明らかになった。

以上を根拠に、道外からの加工済み木材は「沖掛リ」から「下々方村真沼津の漁小家前」すなわち、現在の新ひだか町静内海岸町「賀集産業」周辺に荷揚げされ一時保管された後、建築現場に運ばれた可

「沖掛り」跡（静内海岸町）

「真沼津漁小屋前」跡（静内海岸町）

能性が高いと推定される。この「沖掛り」は岩場が少なく砂浜が広がる船の停泊にふさわしい海岸であった。

住宅建設における及川甚兵衛の役割

『北海道建設人物事典』（高木正雄 二〇〇八年）によると、「(及川甚兵衛は）家督を弟に譲り十三歳で箱館に来る。五稜郭建設では土工夫。（中略）七十年（一八七〇）に静内で稲田家の開拓事業創始に出合い移住民の住宅建設を請け負う」とあり、若い時函館五稜郭の土木・建築の仕事に従事していたようである。明治四年の稲田家住宅建設において彼はどんな役割だったのだろうか。これを明らかにした文書があった。「加藤幾造一件」（二六七八）である。同文書は及川甚兵衛を「幾造雇土方職及川甚兵衛」すなわち、「加藤幾造に雇われた土方職」と記していた。おそらく及川甚兵衛は加藤幾造に雇われた「現場監督」あるいは「下請け業者」であったと推測される。

及川甚兵衛「稲田家」より土地拝借

「明治十二年静内製藍」（三八三七）の「明治四未極月勧農局静内郡新冠郡取調帳」により、及川甚兵衛が明治四年静内郡で土地を拝借していたことが明らかとなった。彼は二畝、つまり六十坪の土地を拝借していた。彼が住んでいたのは「下々方村三番屋敷」であったため、その屋敷地を拝借していたと推測される。その場所の特定は困難であるが、住宅建設資材搬入・管理・運搬上から好都合の場所に居住したと推測される。同文書は及川甚兵衛が明治四年に静内郡に入っていたことを示す証拠である。

なお、他に山田粂右衛門（一反三畝）・篠原嘉吉（三畝）・竹屋惣兵衛（三畝）・農夫　金五郎（三畝）の四人も土地を拝借していたことがわかった。彼らは稲田家の関係者で各自特別の役割があったと思われる。特に、農夫金五郎は言わば「農業指導員」であったと推測される。農業に従事したことのない稲田家家臣に農業技術を指導する人材が必要だったからである。

第Ⅱ章 及川甚兵衛関連文書が語る静内の歴史

シュビチャリ（『北海道歴検図』「日高洲上」 北海道大学附属図書館）

第一節　「開拓使」時代

稲田家の静内支配は実に短期間で終了し、明治四年八月から静内郡は開拓使直轄支配となった。本節では及川甚兵衛に関わる明治七から十五年までの開拓使文書を時系列で整理することで静内郡の歴史を紐解きたい。

第一項　明治七年

静内出張所（修理）請負

「浦河支庁諸伺届留」（九七〇）の次の文書は、開拓使静内出張所の修繕を請負った及川甚兵衛（明治七年まで及川萬兵衛の名前使用）提出の「出張所修繕入費之儀ニ付伺書」である。工事の材料・寸法・労賃等などの見積りで当時の建築の詳細を知る手がかりとなるため、全文を掲載する。例えば「ターフル二ツ」など言葉使いにも興味がわく。当時「テーブル」を「ターフル」と呼んでいたことがこの文書から明らかである。「ターフル」はオランダ語であるが、静内郡の大工にまで浸透していた。及川甚兵衛は明治七年請負金約三十四円で静内出張所修理を請け負っていた。

（朱）三ノ十九号

出張所修繕入費之儀ニ付伺書

当出張所間割直等之儀二ノ三拾三号伺済相成尚又入費ハ一応積書ヲ以可伺出旨御指令則紙見積書之通ニ
候間早々何分之御指令相成候様致度此段奉伺候也
明治七年
三月十九日　　　　静内出張所
五等出仕北垣國道殿
（朱）伺之通　　　　　　印（浦河之印）
記
一金三円四拾三銭七厘五毛　　大工土人作料
但壱人ニ付三十一銭弐厘五毛
是節出張所御詰処六坪弐分五厘之外ニ次之間
二坪床板敷直
一同五拾銭也　　八分板壱坪
足板分
一同弐円也　　戸壱間ニ戸袋壱ッ
敷居鴨居共ニ
一同七拾銭也　　大板付七把
但壱坪ニ付金拾銭也
一同弐円六拾銭也　　ターフル二ッ

但壱ッニ付金一円三十銭

一金拾弐銭五厘　九尺貫弐本

但壱本ニ付金六四厘五毛

是ハ戸長詰所住居直ニ付一間半之建具附ニ仕候分

一同五拾六銭弐厘五毛　五分板壱坪半

前同断　但壱坪ニ付金三十七銭五厘

一同五銭也　子板付壱把

前同断

一同九十三銭七厘五毛　大工三人

前同断　但壱人ニ付金三十一銭弐厘五毛

一同壱円八十七銭五厘　同六人

但壱人ニ付前同断

是者病院詰所床板敷直御入用

一同四拾銭也　大板付釘四把

前同断　但壱把ニ付金十銭ッ、

一同五拾銭也　八分板壱坪

前同断　但壱坪ニ付金五拾銭也

一同六銭弐厘五毛　鴨居壱挺

是ハ床之間棚壱通　　但壱間物
一同十八銭七厘五毛　五分板半坪
前同断
一同六銭弐厘五毛　二間棰キ壱本
一同九拾三銭八厘　半戸弐枚
前同断
一同六拾弐銭五厘　大工弐人
前同断　　但壱人ニ付金三十一銭弐厘五毛
一同弐円五拾銭也　同八人
　　但前同断
是ハ雪隠小便所取覆建替直シ共
一同三十七銭五厘　五分板壱坪
前同断
一同弐拾五銭也　小板付釘五把
前同断　　但壱把ニ付金五銭也
一同十銭也　大板付釘壱把
前同断
一同弐円五拾銭也　五寸角壱丈廿本

是ハ床下□シ足木ニ仕候　　但壱本ニ付金十弐銭五厘
一同三円五拾銭　　　　　柾八十把
　是者屋根破損ニ付足柾
一同壱円三十五銭也　　　土方六人
是ハ屋根繕ニ付大工手伝　　但壱人ニ付金弐十弐銭五厘
一同弐円七十五銭也　　　三尺四方ニ奥行
是ハ戸長詰所江相用　　　壱尺弐寸箱大小引出五ツ付箱壱ツ
一金五円五拾銭　　　　　ヱース　八組
　　　　　　　　　　　　但壱ツニ付金六十八銭七厘五毛
合金三拾四円三拾八銭七厘五毛
右之通ニ而御受負可申上候也
　　　　　　静内郡下々方村三番屋敷
　　　　　　寄留
　　　　　　　　及川萬兵衛　　印不明
明治七年二月
「浦河支庁諸伺届留」(九七〇)

開拓使静内出張所官員と内部図面

「浦河支庁諸伺届留」（九七〇）により、明治七年開拓使「静内出張所」に以下の官員が勤務していたことが分かっている。責任者は池田易直であった。「免官物故履歴調」（九〇四）によれば、彼は山口県貫族で「静内出張所」に明治六年七月七日から七年九月三十日まで勤務していた。吉田好達、大先正義は医師、千葉一平は新冠牧場専任担当であった。

権中主典　池田易直
使掌　安藤利常
十四等出仕　医　吉田好達
十四等出仕　医　大先正義
等外一等出仕　千葉一平
御用掛　土屋祥蔵

同文書「出張所修繕入費之儀ニ付伺書」の添付図面から、「静内出張所」の内部が明らかになった。及川甚兵衛が明治七年二月提出したものである。

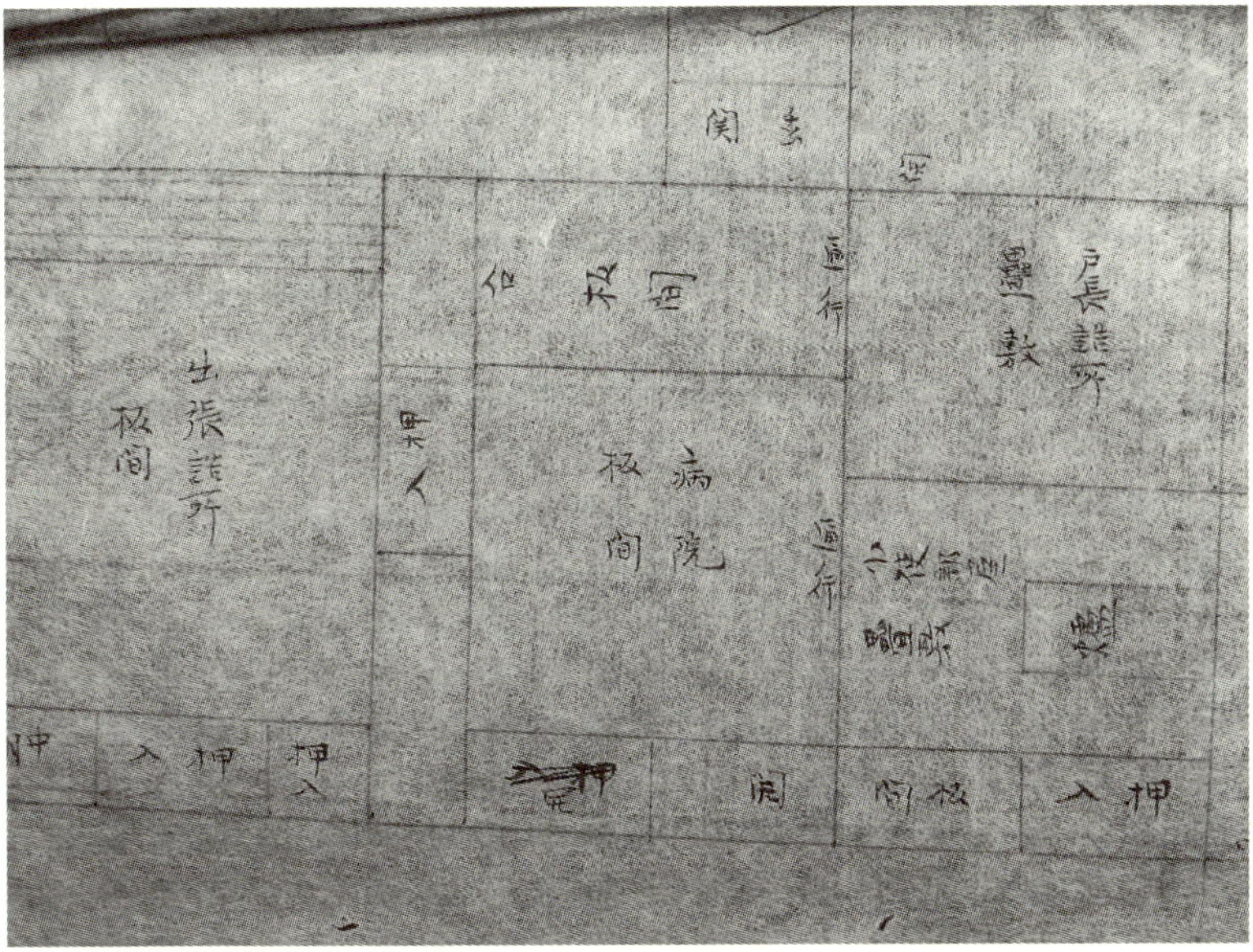

「静内出張所内部」図面（「浦川支庁諸伺届留」九七〇、件番号一三）

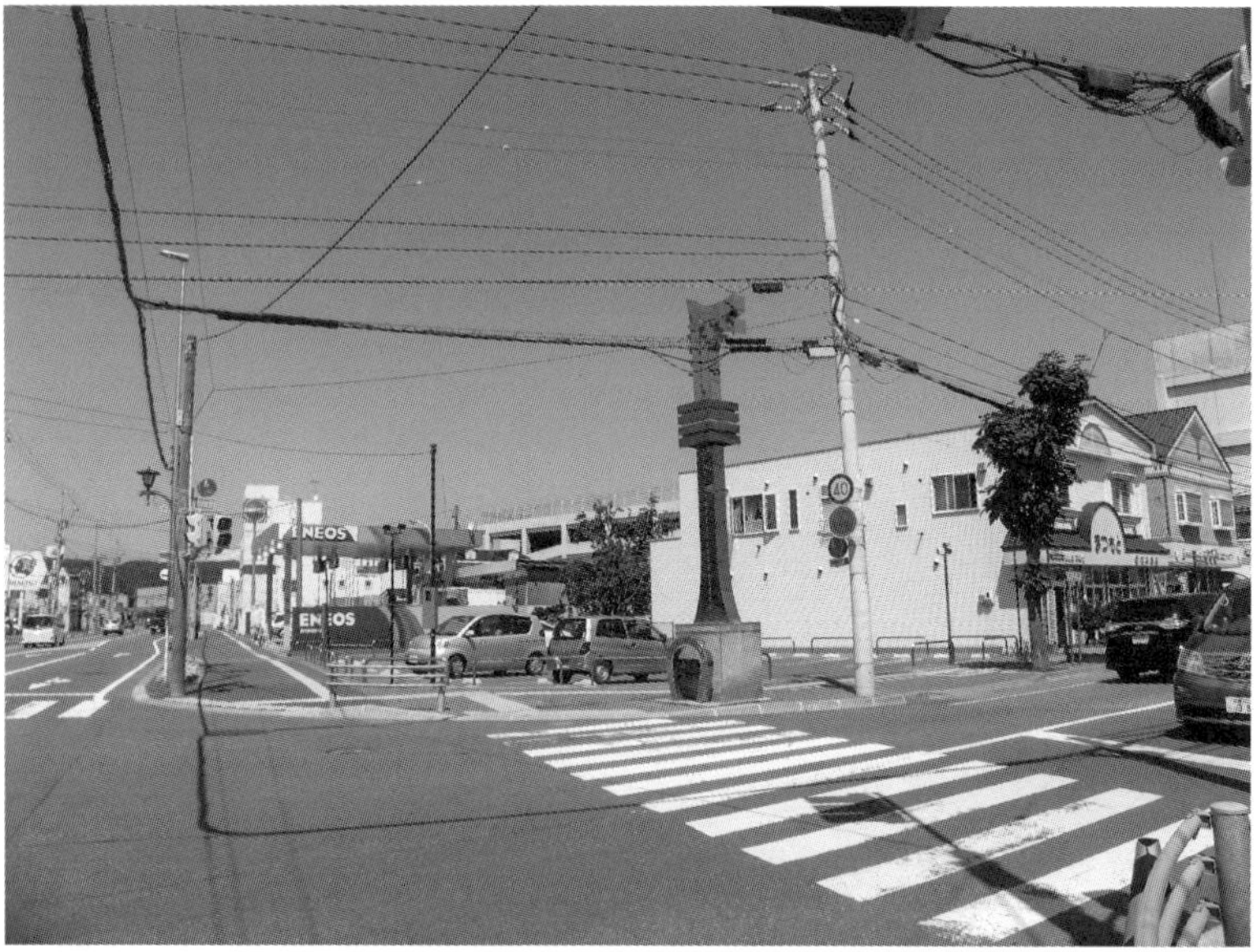

「静内出張所跡」（静内御幸町１丁目、２丁目）

これにより「静内出張所」は「出張詰所」、「病院」、「戸長詰所」からなる、「合同庁舎」であったことが判明した。「病院」に勤務していたのは、旧稲田家の医師吉田好達、大先正義であった。

開拓使静内出張所の所在地

「静内出張所」はどこにあったのであろうか。「日高国静内郡区画図」（図類二三五）は、「静内出張所」が明治七年五月に作成した図である。図中に「下々方村五十四戸」、「渡場」、「出張所」などの書き込みがある。「出張所」が「開拓使静内出張所」を指していることは自明である。「浦河支庁諸伺届留」（九七〇）によれば、敷地面積はおよそ一千三百坪で官宅二軒、草屋、馬扱土人屋が隣接し馬追込、畑も備えていた。同図を根拠に、「静内出張所」は現在の新ひだか町静内御幸町の御幸通りと国道二三五号線交差点にあったと推定される。

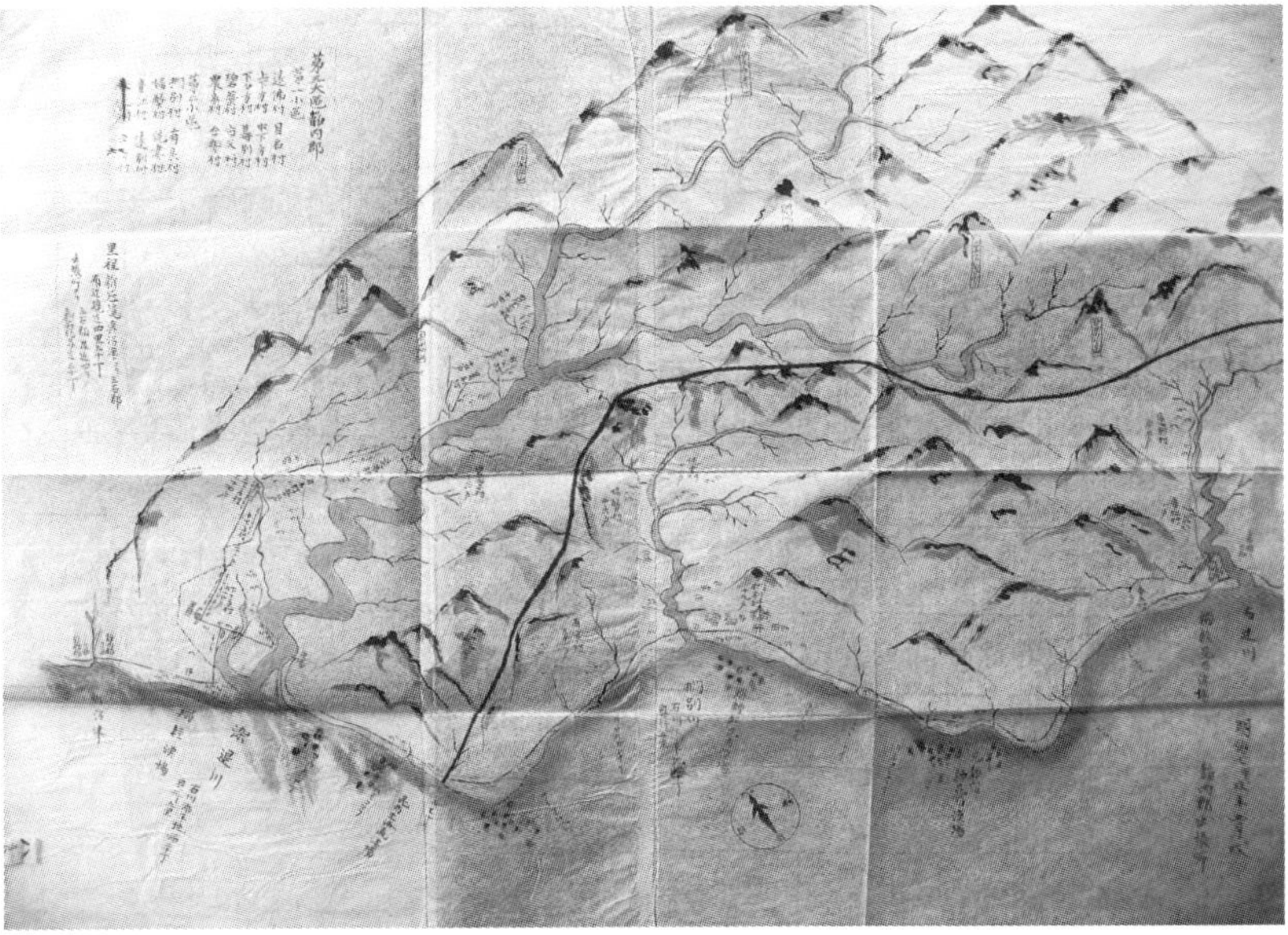

「日高国静内郡区画図」（図類二三五　北大）

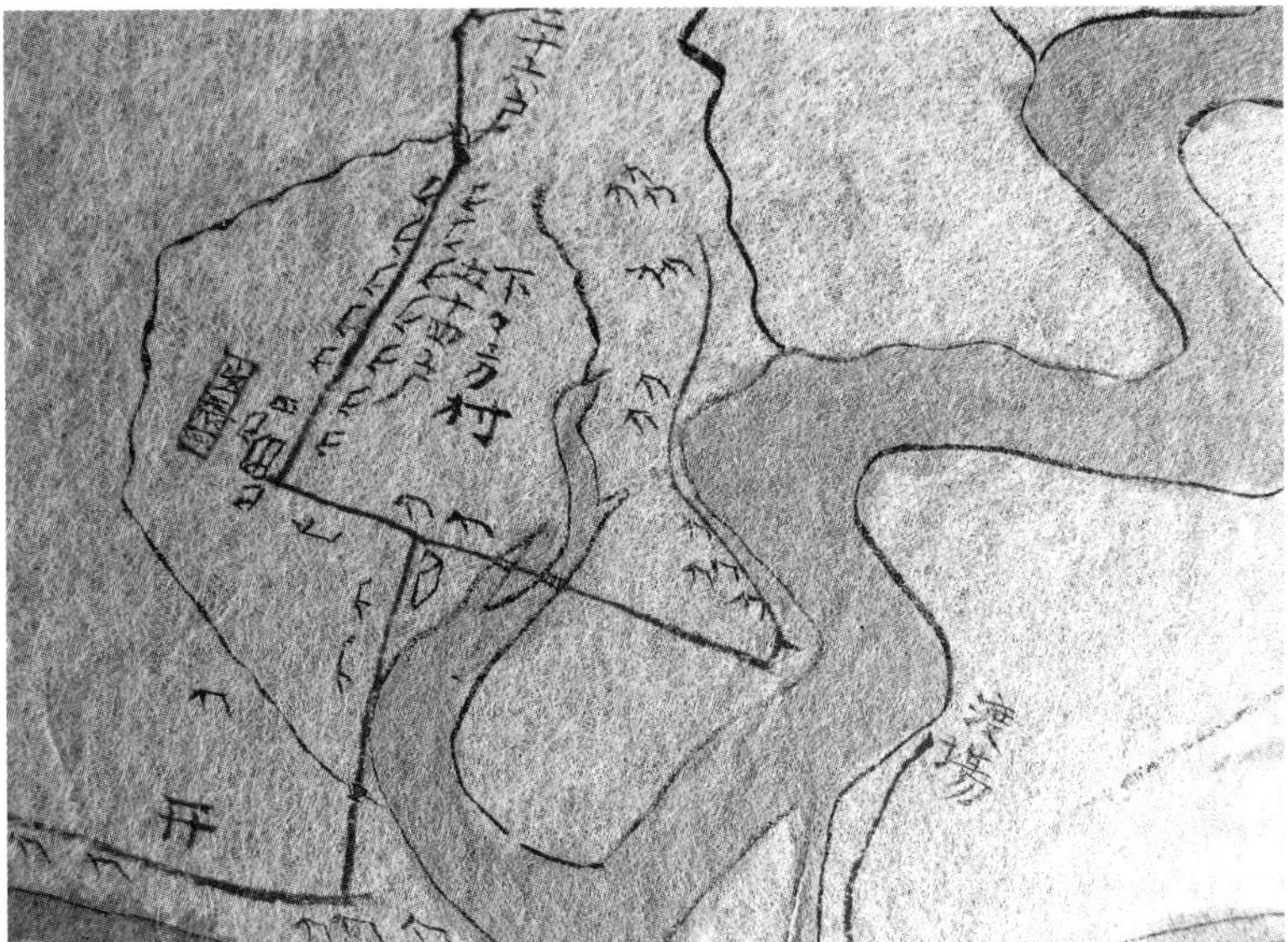

「日高国静内郡区画図」同図部分拡大（図類二三五　北大）

静内出張所の変遷

「静内出張所」は、明治七年五月「浦川（現在は浦河と標記）支庁」廃止に伴い、「札幌本庁」の管轄になり、同年六月「浦川支庁」が「札幌本庁浦川出張所」となったことに伴いその管轄下に入り、九月には廃止となるなど取り巻く状況は目まぐるしく変わった。

及川甚兵衛建築請負

「開拓使公文録」（五九七四）「牧場御開増請負金高之内ヨリ前借之儀ニ付奉願書」は、及川甚兵衛が明治七年「新冠牧場御開増」、すなわち「増築工事」を請負っていたことを示している。開拓使に前借り金を願い出たこの文書には、「前書之通リ願出事実取調候所相違無御座候依而奥印仕候也」のように記載事項が正しいと証明するため静内郡副戸長山本茂範などの奥印がある。及川甚兵衛が提出した図面により、彼らが執務し

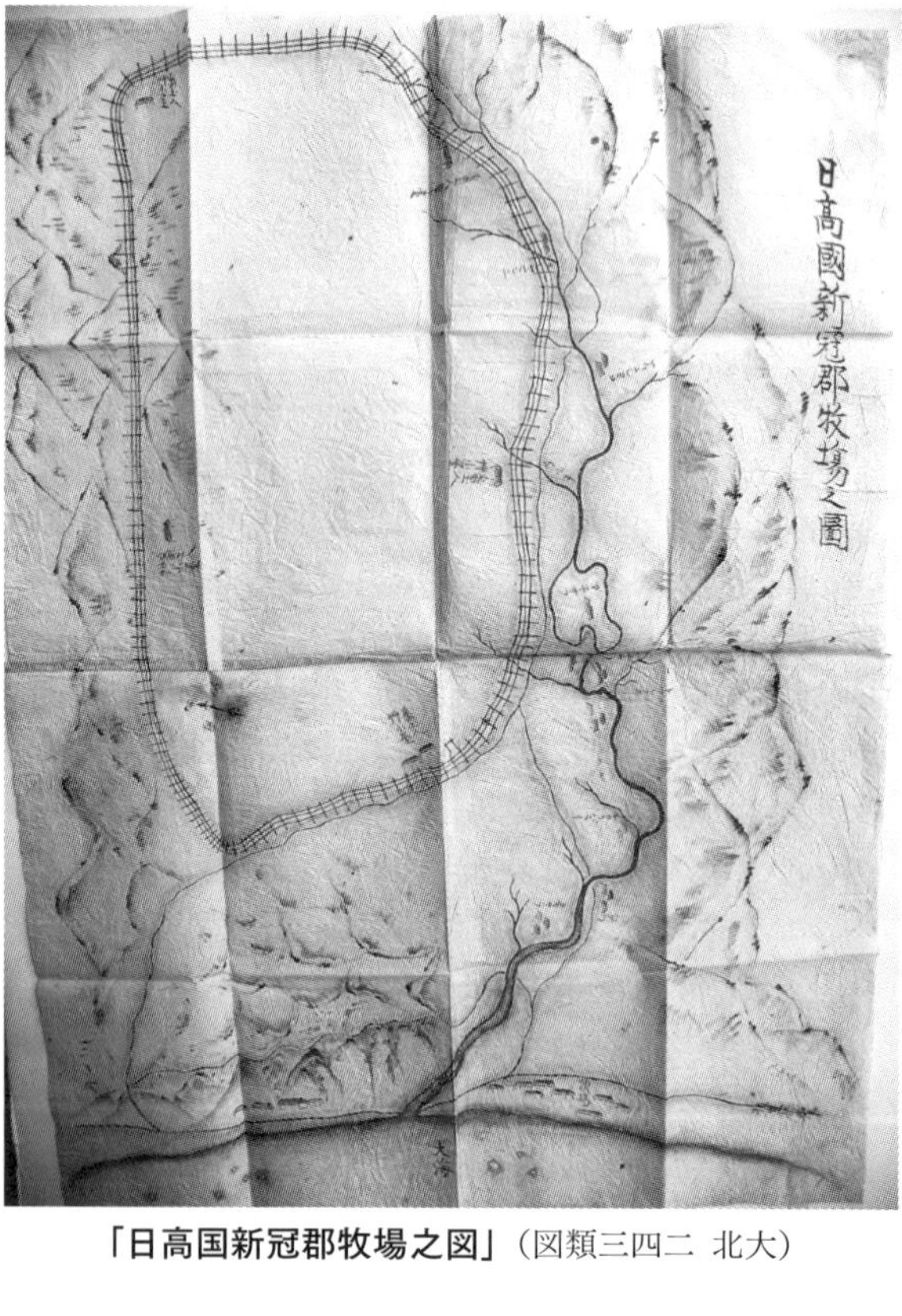

「日高国新冠郡牧場之図」（図類三四二 北大）

ていたであろう畳敷の「戸長詰所」を具体的にイメージすることができる。同年新冠牧場は「静内出張所」の管轄にあったため、牧場工事を担当したのは等外一等出仕千葉一平であったと推測される。

牧場御開増請負金高之内ヨリ前借之儀ニ付奉願書

一金五百円也

是ハ今般牧場御開増ニ付是迄相用候諸道具破損其他米塩味噌等甚困却仕候ニ付何卒請負金之内ヲ以右金高之通前借被仰付度此段奉願上候也

静内郡下々方村三番屋敷

寄留　及川萬兵衛　印不明（高□）

明治七年七月

開拓使大判官松本十郎殿

前書之通リ願出事実取調候所相違無御座候依而奥印仕候也

副戸長

山本茂範　印

吉川澤郎　印

「開拓使公文録」（五九七四）

旅籠屋営業申請

「庶務民事課往復留」（九七一）から、及川甚兵衛が明治七年「旅籠屋」経営免許を申請したことが判明した。「右同人此迄無據内々宿屋体ヲ致居候処」との記述から、以前より宿屋のような事を行っていたと推測される。「当郡ハ多少之移住処ニ而旅商人モ時々滞留致候」とあるが、「庶務民事課往復留」（九七一）によると、同年静内郡の人口は約二千人であった。

静内出張処

庶務課

民事課

（朱）一ノ廿号

別紙寄留及川萬兵衛ヨリ願出候間則致御廻候当郡ハ多少之移住処ニ而旅商人モ時々滞留致候付而ハ免許旅籠屋トシ而者時トシ其他旅人一統差支モ有之且右同人此迄無據内々宿屋体ヲ致居候処右ニ而者其取締方行届兼候廉モ有之候条如願御申シ越相成候様御斗ヒ相成度此段申進候也

七年一月廿四日

「庶務民事課往復留」（九七一）

鹿角皮取引

「庶務民事課往復留」（九七一）の次の文書は明治七年の静内郡鹿皮角買入願書に関する書類で、「浦河支庁」が「静内出張所」に送ったものである。同年一月には静内郡関係の決済は「浦河支庁」が行っていた。この文書により、明治七年及川甚兵衛、竹谷惣平が鹿角皮の取引に関する願書を提出していたこと、「浦河支庁」庶務課が竹谷惣平が前年提出した鹿皮角買入願書を紛失していたことが明らかになった。また、同文書によれば、竹谷惣平は名東県淡路国津名郡須本鍛冶屋町（現在の兵庫県須本市、津名郡は消滅している）出身であった。

浦河
庶務

静内出張処

浦川庶務課　印

別紙及川萬兵衛外一名ヨリ差出候願書右ハ其御出張所ヨリ直ニ伺書ヲ附シ御差出相成候方可然依テ一応返却致候処竹谷惣平ヨリ去年差出候鹿皮角買入願書其折雑踏之砌願書仕廻処不相分先般ヨリ度々相捜候へ共何分不相見乍不都合更ニ願書為差出候様御取計有之度尤去年之分見出シ候半ヽ下渡シ候様取計可申候間左様御承知有之度此段申進候也

七年一月廿七日

「庶務民事課往復留」（九七一）

角皮取扱（許可証）

「庶務民事課往復留」（九七一）の「鹿角皮買受御印鑑請取書」は及川甚兵衛が「鹿角皮買受御印鑑」を受け取ったことを報告するものである。鹿角皮取扱業者は開拓使に税金を払うことで「御印鑑」と呼ばれた「独占的鹿角皮取引許可印又は証」を取得していたことがわかる。文書の宛先の六等出仕北垣國道は、明治六年一月「浦河支庁」の主任官に任じられ、後に第四代北海道庁長官となった人物である。

鹿角皮買受御印鑑請取書

今般鹿角皮買受奉願候処難有被 仰付御印鑑御下渡ニ相成正ニ奉請取候以上

静内郡下々方村寄留

及川萬兵衛　印　不明

明治七年二月

開拓使六等出仕北垣國道殿

「庶務民事課往復留」（九七一）

空屋入札

「庶務民事課往復留」（九七二）により、及川甚兵衛が明治七年一月開拓使が売りに出した空屋を入札していたことがわかる。次の文書は「静内出張所」が「浦河支庁」民事課に明治七年一月二十四日提出した文書の一部である。「真沼津」は「シンヌツ」に同じである。従って前出の明治七年作成の「日高国静内郡区画図」（図類二三五）の海岸部分に描かれた建物であった可能性が高い。なお、「有良押別」は現在の東静内を指している。三人が入札したが、落札したのは及川甚兵衛であった。古い建物の再利用はこの時代よく行われていた。

七年一月廿四日

入札

一番　　　　　　　　及川萬兵衛

真沼津　二戸

二十円

有良押別　一戸

七円五十銭

（以下略）

「庶務民事課往復留」（九七一）

小休所払下げ

「浦河支庁諸伺届留」（九七〇）によれば、及川甚兵衛は開拓使が明治七年に払い下げた新冠郡の「厚別小休所」の入札に参加していた。次の「北海道歴検図日高洲上」（図類四九二-一二-五一三　北大）「厚別」の「休所」で、「ニイカップ（新冠郡）」と「サル（沙流郡）」の境にあった。落札したのは、竹谷惣平で落札金額は四拾三円六十銭であった。

新冠郡厚別小休所公札払開札表

一金三拾四円八十四銭五厘　及川萬兵衛

（以下略）

七年三月廿九日

「浦河支庁諸伺届留」（九七〇）

第二項　明治八年

明治八年は郵便、漁業、建築関係など及川甚兵衛に関わる開拓使文書は多い。このため本稿では各分野代表的なものに限り掲載することとしたい。

郵便取扱人

「郡中達留」（一二七八）により、明治八年一月及川甚兵衛は静内郡の「郵便取扱人」であったことが明らかになった。言わば、「特定郵便局長」であろう。「今度郵便開設相成」から、彼が初代の「郵

「新冠郡厚別小休所」
（「北海道歴検図　日高洲上」厚別（図類四九二-二一 北大））

便取扱人」であったことが明らかである。静内郡の行政機構の変化は目まぐるしかった。「静内出張所」は明治五年より置かれていたが、明治七年九月に廃止され、「沙流出張所静内派出所」が明治八年一月に置かれた。次の文書中の「静内詰所」は正確には「沙流出張所静内派出所」を指している。従って文中の「当郡」は沙流郡を意味する。「当郡ハ細野嘉一静内郡ハ及川甚兵衛ニ而取扱」より、沙流郡では細野嘉一、静内郡では及川甚兵衛が「郵便取扱人」を務めたことが明らかである。

今度郵便開設相成当郡ハ細野嘉一静内郡ハ及川甚兵衛ニ而取扱勇仏三石両郡郵便行李継立之際衛行人足途中急病又者怪我等致不得止街道筋最寄人民ハ先ニ行李送致方依頼候折ハ聊無遅帯宛所へ継立方取計置追而取扱所へ賃銭受取方可為申出尤勇仏ヨリ沙流三石ヨリ静内之継立候両郡人足モ依頼ノ金ニ而是又前同断為相心得決而不都合無之様街道筋移住寄留人民へ不漏様可觸示置此段相達候事

八年一月十四日　　静内詰所

副戸長

副総代中

「郡中達留」（一二七八）

「民事局往復」（一二七九、件番号九四）「郵便取扱人辞令並ニ達書受取及請書外差廻ノ件」により、及川甚兵衛は明治八年二月「七等郵便取扱役」辞令を受領したことが判明した。この時代、「郵便取扱役」に対する「役等」と局に対する「局等」があり、静内は「五等局」であった。なお、函館は「一等局」、札幌は「二等局」であった。これにより、当時の北海道の中心が函館であったことが窺える。では、静内郡最初の郵便局はどこにあったのであろうか。『静内町史』（増補改訂版、一〇四三頁）によると、「局舎はいまの鹿渡商店の位置にあった。（及川鯉蔵談）」との記述がある。つまり、現在の新ひだか町静内本町で国道二三五号線交差点周辺であったと推定される。及川甚兵衛の孫である及川鯉蔵の談話は信憑性が高いと推測される。

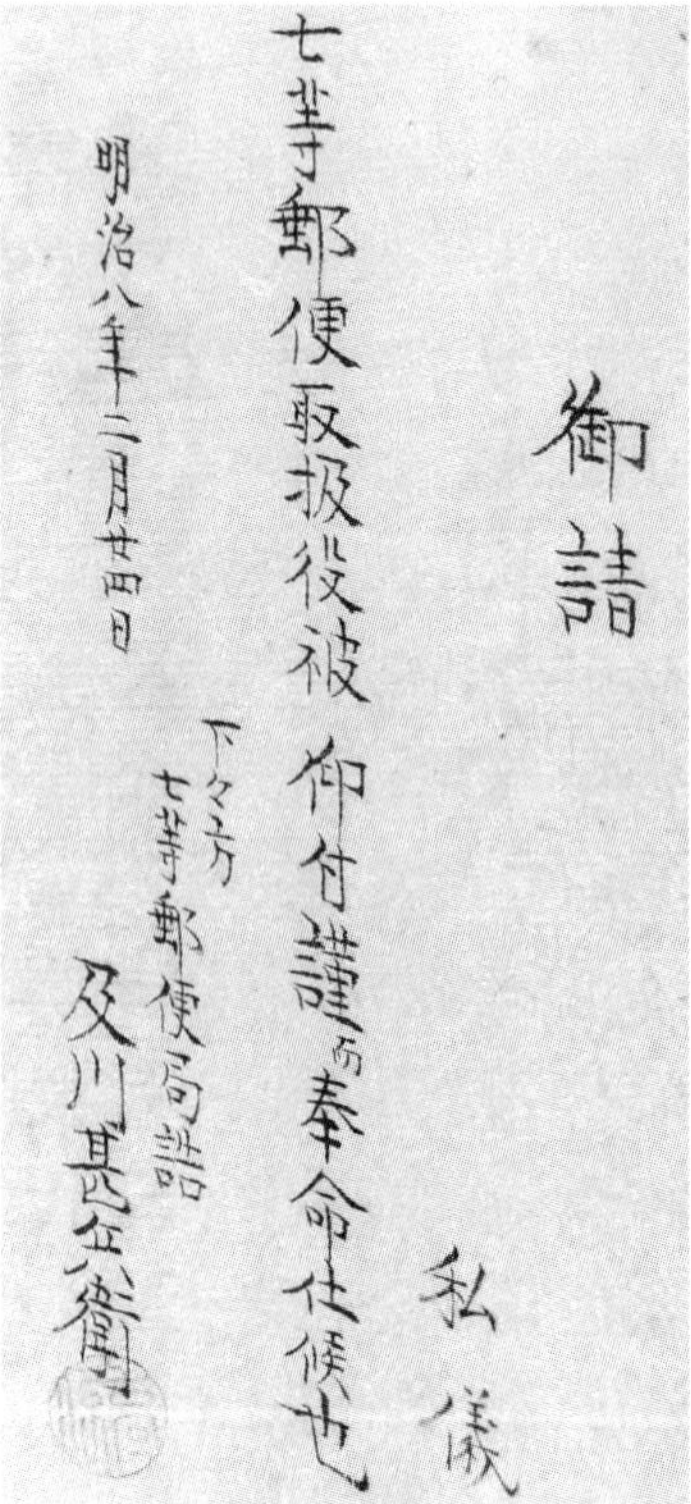

「民事局往復」
（一二七九、件番号九四）

御請

私儀

七等郵便取扱役被　仰付謹而奉命仕候也

下々方村

七等郵便局詰

及川甚兵衛

明治八年二月廿四日

「民事局往復」（一二七九）

郵便取扱人辞令

「郵便諸留」（一二五二）の次の文書は「民事局」から「静内出張所」に送られたものである。この文書により、及川甚兵衛が「下々方郵便局詰」の「郵便取扱役」であったことが明らかである。「郡中達留」（一二七八）によると、明治八年二月「静内派出所」は再び、「静内出張所」と呼ばれるようになった。この時「沙流出張所（現在の日高門別）」は、静内に移転し「静内出張所」に併合された。

一辞令壱枚　　沙流郵便局詰

細野加一

（朱）静内出張所行

一同　壱枚　　下々方郵便局詰

及川甚兵衛

一前島密ヨリ達書十二ノ第三十一号弐枚

十二ノ第百五拾壱号貳枚外附属雛形弐枚

計六枚

右沙流下々方両郵便局へ御下渡之分

「郵便諸留」（一二五二）

証券印紙売捌人

「静内来書留」（一一九八）の次の文書には分かりにくい表現がある。「当所轄静沙両郡」とは「当静内出張所所轄の静内・沙流両郡」を意味する。明治八年二月より「静内出張所」が沙流郡・静内郡を管轄していた。この文書は及川甚兵衛が静内郡の「証券印紙売捌人」、細野嘉一が沙流郡の「証券印紙売捌人」であったことを示すものである。

（朱）八ノ七号

会斗局

印税掛　　　　静内出張処

当所轄静沙両郡証券印帋売捌人及川甚兵衛并細野嘉一江売捌看板弐枚新規出来焼印ノ上壱葉宛下渡ニ付右代価別帋証書之通金五拾五銭次便御廻金有之度且御差回相成居候焼印者御返戻致候間御領収相成度此段申入候也

八年八月六日

「静内来書留」（一一九八）

鹿角皮取引回覧文書

「郡中達留」（一二七八）の次の文書は、「静内出張所」が静内・新冠両郡で明治七年に鹿皮買入を行っていた業者に対し送ったものである。「追而周尾ヨリ返却之事」が示すように回覧文書である。業者に明治七年の鹿皮買入れ数量などを報告するよう求めたものだ。この文書により判明したことは、明治七年静内・新冠両郡で鹿皮買入を行っていた業者は、及川甚兵衛、竹屋惣平、山田栄六など五人であったことである。山田栄六とはかつて静内郡の漁場持であったが、税金滞納により失脚したとされていた人物である。

静内新冠両郡ニ於テ昨七年一月ヨリ十二月迠鹿皮買入人員数及土人等収穫高共至急取調ノ義有之候条来
廿八日迠取調此段相達候也

八年四月十四日　　出張処

及川甚兵衛
竹屋惣平
山田栄六
西田新兵衛
山崎長四郎

追而周尾ヨリ返却之事

「郡中達留」（一二七八）

鹿角皮取引（報告）

「本庁庶務局往復」（一一八〇）によると、及川甚兵衛は明治七年中の鹿皮買入取引に関し、「静内出張所」に次のように回答した。これにより、及川甚兵衛が明治七年一年間に買い入れた鹿皮は、静内郡だけで一千六十枚に及んでいたことが判明した。「去ル戌ノ」は「昨明治七年」を意味している。つまり、この文書は「及川甚兵衛が明治七年より鹿皮取引をしていたこと」の証拠でもある。また、明治七年及川姓で鹿皮取引をしていたのは、及川萬兵衛一人であったことも確認できる。従って、及川甚兵衛と及川萬兵衛が同一人物であることが明らかである。

記

一鹿大皮　三百五拾四枚
一同中皮　四百拾四枚
一同小皮　弐百九拾弐枚
右千〇六拾枚
　是ハ去ル戌ノ一月より十二月迄ニ
右之通買入仕候ニ付奉書上候也

静内郡下々方村
及川甚兵衛　印不明（高□）
八年四月

「本庁庶務局往復」（一一八〇）

新冠牧場馬屋工事

「物産局往復留」（一二八一）の次の文書により、及川甚兵衛が初めて建築請負師として大型工事受注に成功したことが明らかになった。新冠郡「新冠牧場掘建厩」「合金四百六拾五円六拾五銭壱厘」の工事である。明治八年五月及川甚兵衛は開拓使「物産局」に次の詳細な仕様書を提出した。

御建厩壱ケ所新規丸太建拝見絵図面之通仕様
一桁行廿五間
梁間四間半　此建坪百拾弐坪五合
一三尺ニ六尺　腕木庇弐ケ所
軒高サ土台下タ半ヨリ桁上半迫壱丈
葉之木丸太片面柾取侭
右仕様建家下高下敷平均水盛仕
一柱葉之木丸太片面柾取儘貫入三寸五分切搔木三寸
釘ニ而打付五通リ通シ
一四間半ニ五間之土間上六段登掛ニ致シ梁四間半物

新冠郡「新冠牧場」跡（新冠町字朝日）

弐拾壱通取附
一厩共壱所土台六寸角取附
両妻梁片面柾削取付五寸角梁狭一ト通同角両妻二重小屋母屋棟束共同断棰弐寸角壱尺五寸間削リ取附
野地木敷四寸明ニ取附両妻棰形厚サ壱寸巾五寸屋根柾ニ而筵付立押木共取付無双窓八ケ所取付
一土臺下地杭雑木丸太長サ三尺末口六七寸堀込
一廻羽目板五分取付目板同板巾壱寸五六分取付
一床土間ヨリ上リ四寸取付大引丸太片面凡三尺間ニ置渡束共取付同床板寄流江壱寸弐分張立居間七分張
立爐縁壱ケ所取付
一敷鴨居四寸厚サ弐寸溝付取付
一入口弐ケ処三尺ニ六尺庇腕木取付
一破風風返取付
拝見絵図面ヲ以掘建厩積書
桁行弐拾五間　此建坪百拾弐坪五合
梁間四間半
一合金四百六拾五円六拾五銭壱厘
内訳　金弐拾七円也　葉之木壱丈弐尺丸太末口四寸柱大引共
百三拾五本
金三拾五円七拾四銭九厘八毛　合石七拾九石四斗四升四合

金百〇五円四拾六銭八厘八毛

但百石ニ付金四拾五円也
壱丈五寸角
柱六拾本
此石十五石
弐間六寸角
土台十四
此石七石〇五升六合
弐間五寸角
桁棟母屋梁狭両妻梁束
敷鴨居共ニ　百廿五本
此石四十三石七斗五升
壱丈六尺ノ六寸
登リ十弐本
此石七石五斗六升
四間半
梁弐拾七本
此石三石弐斗四升三合
大工三百三拾七人五分

但壱人ニ付金三拾壱銭弐厘五毛

金弐拾○壱銭○五毛　弐間貫破風風返共

三百拾四枚

但壱枚ニ付金六銭弐厘五毛

金弐拾三円四十三銭七厘五毛　弐間棰三百七十五本

但壱本ニ付

前同断

金四拾八円七十五銭　廻羽目五分板

目板共百三拾間

但壱坪ニ付金三拾七銭五厘

金九円也　戸十八本

但壱本ニ付金五拾銭也

金五拾円○六拾弐銭五厘　柾弐千○廿五把

但壱把ニ付金弐銭五厘

金拾八円也　月役四千五百枚

但百枚ニ付金四拾銭ツヽ

金四円○九銭五厘　七尺貫七十八枚

但壱枚ニ付金五銭弐厘五毛

金三拾円〇三拾弐銭九厘　　厚サ七分羽目板六拾坪六分五厘八毛
　　但壱坪ニ付金五十銭也
金四円五拾五銭也　　本三寸釘廿六把
　　但壱把ニ付金十七銭五厘
金四円八拾七銭五厘　　並三寸釘三十九把
　　但壱坪ニ付金十弐銭五厘
金九拾六銭也　　中板付釘百廿把
　　但壱把ニ付金八銭宛
金拾円〇五拾銭也　　屋根柾押木廿壱敷
　　但壱敷ニ付金五拾銭也
金七拾五円也　　土方人足三百人
　　但壱人ニ付金弐十五銭ツヽ
　是ハ地形地頭等之水盛屋根筵付大工手伝地杭据共々
右之通ニ而御請負可仕候也
明治八年五月　　静内郡下々方村
　　及川甚兵衛　印不明（高□）

「物産局往復留」（一二八一）

及川甚兵衛鮭漁場経営

「明治八年開拓使公文録」（五六〇四）の「漁場昆布浜割渡済上申」は、明治八年五月染退古川漁場鮭一ケ所が及川甚兵衛へ割渡されたことを示す文書である。

漁場昆布浜割渡済上申

静内漁場昆布浜伺済ニ基キ別紙之通夫々割渡方取計申候此段上申仕候也

明治八年五月九日

静内郡在勤　十一等出仕　山田謙

同郡出張　十等出仕　雑賀重村

権大主典　山崎清躬

大判官　松本十郎殿

（中略）

陸中国和賀郡岩崎村

平民下下方村寄留

及川甚兵衛渡

一染退古川漁場鮭一ケ所

「開拓使公文録」（五六〇四）

新冠牧場南部種馬用馬屋新築工事

「物産局往復留」（一二八一）の次の文書により、及川甚兵衛が請け負った新冠牧場の馬屋建築の目的は南部産の種馬を守るためであったこと、建築工事の検査は札幌本庁「工業局」が担当したことが判明した。

（朱）八年五月十五日御検印済

大判官　印（松本）　　物産局　印

六等出仕　印（時任）　会計局　印

今般南部地ヨリ種馬牽入ニ付新冠牧場構内へ厩壱棟御新築之義静内出張所江懸合及置候処別紙積書之通申出候ニ付於工業局検査受候処敢而不相当ニモ無之候間書載之金員ニ而着手為致候様可仕哉此段相伺候也

八年五月十五日

追而差掛候義ニ付至急御下知有之度奉存候也

「物産局往復留」（一二八一）

建築請負師・及川甚兵衛

「静内来書留」（一一九八）の次の文書は、及川甚兵衛が新冠牧場の馬屋を新規造営したことを示すものである。「請負人及川甚兵衛ナル者江」との記述から、及川甚兵衛が開拓使に請負人、すなわち「建築請負師」として認められたことを示す文書である。この年牧場はまだ新冠にあり「新冠牧場」の名称が用いられていたが、静内郡にも牧場が建設されて以降は紛らわしい状況が生まれていた。

（朱）七ノ三十三号

物産局　　　　　　　　　　　　静内出張処

先般御廻金相成候新冠牧場内厩新規御造営費金四百六拾五円六拾五銭壱厘右者本月十日落成致候ニ付請負人及川甚兵衛ナル者江皆金下渡候条別帋證書願書添即御廻致候条御入手有之度此段申入候也

八年七月廿四日

「静内来書留」（一一九八）

南部種馬用馬屋新築工事代金受領領収書

「物産局往復留」（一二八一）中の「證」は、及川甚兵衛の新冠郡牧場馬屋建設費四百六拾五円六十五銭壱厘の割印付領収書である。この工事費支払に関係していたのは開拓使「物産局」であった。

證

一金四百六拾五円六十五銭壱厘

是ハ新冠郡牧場厩御入費
右御払被下正ニ奉請取候也
明治八年七月十七日
静内郡下々方村
及川甚兵衛　印不明（高□）
「物産局往復留」（一二八一）

新冠牧場種馬遊歩場柵建設

「静内来書留」（一一九八）によると、及川甚兵衛は請負人として種馬遊歩場柵などの建設工事を受注し明治八年八月三十一日これを落成させた。建設場所は新冠郡牧場内つまり、トキットである。『新冠町史』（一一頁）に「トキット（現在の朝日）に種馬舎等が新築される」と記されている通りであった。「物産局御用留」（一二八一）によると、九月十八日付文書で「牧畜教師ドーン氏」すなわち、「御雇外国人」エドウィン・ダンの牧場巡視を知らせる文書が「物産局」から出されている。ダンが見たであろう遊歩場柵などは及川甚兵衛が建てたものであったことがこの文書から分かる。また、「本庁庶務局往復（一二八〇）によると、明治八年「牧場在勤」となったのは氏家文太郎であった。

（朱）九ノ壱号
会計局
静内出張処
新冠郡牧場内胤馬遊歩場柵囲築造及厩附井戸掘建等先般伺済之末請負申付候処八月三十一日落成ニ相成

請負人及川甚兵衛ナル者別紙之通下金願出候条御廻金有之度仕様并ニ積書相副此段及御懸合候也

八年九月二日

「静内来書留」(一一九八)

沙流郡駅建家屋根修繕仕様

「静内来書留」(一一九八)によると、及川甚兵衛は明治八年十月「沙流郡駅所」つまり「沙流郡(現在の日高町門別)駅逓」の屋根修理を請負っている。当時この「駅逓」の責任者は細野加一で、「証券印紙売捌人」でもあった。この仕様書から「沙流郡駅逓」の規模が分かる。及川甚兵衛が明治八年沙流郡でも建築の仕事をしていたことが判明した。

沙流郡駅所建家壱棟屋根半分葺替

修繕仕様

一梁間　八間

桁行　三拾四間

此屋根合坪三百拾五坪

外ニ下家七ヶ所ニ而合坪九十九坪七分五厘

総合坪四百拾四坪七分五厘

此内半分葺替弐百〇七坪三分七厘五毛

右仕様壱坪ニ付足柾拾弐把五寸合ニ葺揚其上櫻皮足五寸合ニ葺立砂利石置並修繕仕様如斯

右之通ニ而御請負奉申上候也

八年十月

及川甚兵衛

「静内来書留」（一一九八）

沙流郡駅所建家屋根修繕積書

同工事の見積りである。材木やその量、単価や人足数など工事の詳細を記録した史料である。これにより、合計百五十五円五拾三銭弐厘の工事であったことが判明した。朱書きの「書面調査致シ候所不相当ニモ無之存候也工業局」との記述から開拓使「工業局」が書面審査を行い問題がなかったことを確認するなど開拓使行政の一端が見える。

沙流郡駅所建家壱棟屋根半分葺替修繕積書

一合金百五拾五円五拾三銭弐厘

是者駅所別紙仕様書之通修繕候入費如斯

金三拾八円八拾八銭三厘　　柾弐千四百八拾八把五分

但　拾弐把ニ付

金拾八銭七厘五毛

金七拾七円七拾六銭六厘　　櫻皮弐百〇七坪

三分七厘五毛

但　壱坪ニ付

金三拾七銭五厘
金三拾八円八拾八銭三厘
屋根葺替人足
百五十五人五分三厘
但　壱坪ニ付
人足七分五厘
壱人ニ付
金弐拾五銭ツヽ

右之通ニ付御請負奉申上候也
八年十月
及川甚兵衛
(朱）書面調査致シ候所不相当ニモ無之存候也　工業局
別紙絵図面ハ略之
「静内来書留」（一一九八）

第三項　明治九年

この項では明治九年の及川甚兵衛関係開拓使文書を紹介したい。

及川甚兵衛の古川鮭漁上納金

「会計局往復留」（二〇四三）の「上納目録」は、明治十年三月の日付であるが、及川甚兵衛が支払った「古川第五漁場」の明治九年分上納金と推測される。なぜなら、「是者御収税川鮭」との記述より、「古川第五漁場」と特定できる。上納金は前年秋の鮭漁獲高で決定されるからである。「静内郡之図」（図類二三六　北大）では、「第五号漁場鮭五拾石位ノ見込」と「古川第五漁場」の漁獲高は五十石と予想されていたが、明治九年の実績は「御収税川鮭九石五斗四合」であった。これは、明治九年の静内郡の鮭魚が不漁であったことを示している。

上納目録

一　金三拾壱円六拾八銭九厘
是者御収税川鮭九石五斗四合御払下
代　但百石ニ付金三百五拾円
右御払下代金正ニ上納仕候以上

明治十年三月廿六日

静内郡下々方村
及川甚兵衛　印

「会計局往復留」（二〇四三）

及川甚兵衛の鮭漁場税金代納

明治九年の日高の鮭漁の状況を示す文書をさらに紹介したい。前述の「上納目録」は、及川甚兵衛が明治十年三月代理人として沙流郡飯田信三の鮭漁の上納金を納入したことを示している。『飯田信三伝』（飯田和質著、株式会社文芸社、二〇一二）六十七頁の「加えて、義兄・及川甚兵衛の援助も受け、明治十一（一八七八）年の漁期に臨んだのである。一枚の書付がある。それは、及川が信三の明治九（一八七六）年分の税金を代納したことを示すものである」との記述はこの文書を指したものだ。「明治九年分御収税鮭九斗」との記述から、この年の鮭漁が不漁で死活問題と言える程であったことが判明した。飯田信三が漁業、回漕業、畜産業、酒・醤油・味噌製造など幅広い事業を通じて日高開拓に貢献した人物であることは周知の事実である。しかし、及川甚兵衛の妻ナヲを通じ両家は親戚であり、ナヲが残した文書を飯田家が保管し日高町立門別図書館郷土資料館に供託していたことは全く知らなかった。飯田家の皆様、情報を提供して下さった同町郷土資料館勤務の川内谷修氏に心から感謝申し上げたい。

上納目録

一　合金拾弐円五拾四銭

目録

金五円九拾四銭

是者明治九年分御収税鮭九斗御払下

代但百石ニ付金六百六拾円

金六円六拾銭
是者明治九年分御収税魚油弐石弐斗
御払下代但百石ニ付金三百円
右御払下代金正ニ上納仕候以上
沙流郡波恵村二番地
魚渡世
飯田信三
代印
及川甚兵衛　印
明治十年三月廿六日
「会計局往復留」（二〇四三）

第四項　明治十年
収入印紙・証紙売捌人

「会計局往復留」（二〇四三）により、及川甚兵衛は明治十年「証券印紙売捌人」であったことが明らかである。この文書からわかるように、業務の性質上毎月厳密な報告を課せられていた。なお、「静内出張所」は明治九年四月より「静内分署」と改称されている。

記

一　無印紙証書用帋弐拾四枚
右御廃ニ付奉返納候　以上
明治十年一月廿四日

静内郡
証券印界帋売捌人
及川甚兵衛　印

開拓中判官堀基殿

「会計局往復留」（二〇四三）

昆布場経営

「会計局往復留（二〇四三）により、及川甚兵衛が明治十年一月静内郡字マウタサッフ（現在の真歌）に昆布場営業用の土地割渡し申請を行っていたことが判明した。この文書により、及川甚兵衛は古川漁場の鮭漁に続きコンブ漁にも参入したことが明らかになった。その規模は昆布場総面積一千二百坪、新規造営納屋三百坪、持符四艘、傭夫十二名であった。

営業奉願

御菅下日高国静内郡ノ内字マウタサッフニ於テ別紙調書ノ通昆布場営業仕度候間相当ノ地処御割渡被下度此段奉願候也

岩手県下陸中国和賀郡岩崎村
日高国静内郡下々方村寄留
及川甚兵衛　印
明治十年一月三十日
総代　上林準太郎　印
開拓長官黒田清隆殿
前書之通願出取調候所事実相違無御座候仍而奥印仕候也
副戸長　山本茂範　印

昆布場調書
日高国静内郡字マウタサッフ
一　昆布場　壱ケ所
表口　弐百四十間
奥行　五間
総坪　千弐百坪
一　納屋　弐棟
間口　六十間
奥行　五間
総坪　三百坪

一　船　　　　　四艘
　　持符
一　雇夫　　　　壱弐名
一　見込高　百石
右之通御座候也
　　　　　　　　岩手県下陸中国和賀郡岩崎村
　　　　　　　　日高国静内郡下々方村寄留
　　　　　　　　　及川甚兵衛　印
　　　　　　　　　　「会計局往復留」（二〇四三）

評価人

「会計局往復留」（二〇四三）から、及川甚兵衛が漁場及昆布浜地価の「評価人」であったことが判明した。同文書明治十年三月六日付記録に「静内新冠漁場及昆布浜地価評価人投票ノ件」とあることから、その任務は開拓使に選任され「各漁場の価値を評価する人」であった。地方の漁場に関する知識が豊富な人物が選出されたと言われている。次の文書は及川甚兵衛が明治十年三月六日より四日間評価人として勤務したことを静内郡副戸長山本茂範が証明した書類である。

評価人御雇日数調
三月六日ヨリ同
九日迄四日　　　　及川甚兵衛
（中略）
右之通ニ御座候也
十年三月廿八日
副戸長
山本茂範　印
「会計局往復留」（二〇四三）

標木調達

「会計局往復留」（二〇四三）によると、及川甚兵衛は「標木」代金を開拓使「会計局」に対し請求していた。「標木」とは地券掛が土地の目印として使用した木と推測される。この文書は及川甚兵衛へ標木調達の注文があったことや静内郡でも土地私有が進み始めたことを示していると思われる。明治十年は「地券発行条例」により土地の所有権が確立された年である。

記
一　金四円九拾九銭弐厘

是者地券掛御入用標木百四本
但壱本ニ付金四銭八厘宛
右御下渡被仰付度候也
十年三月三日
静内郡下々方村
及川甚兵衛　印
「会計局往復留」（二〇四三）

貸し馬・たばこ・酒小売り業

「会計局往復留」（二〇四三）の次の文書は、及川甚兵衛が開拓使に宛てた馬の貸出費用の請求書である。彼が「レンタカー」ならぬ、「レンタホース」事業を行っていたことを示すものである。また、同文書の「煙草小売営業一季連続之者調書」、「酒小売営業取調書」の名簿にも及川甚兵衛の名があった。このことから明治十年及川甚兵衛が煙草や酒も販売していたことが分かった。

記

一　金四拾弐銭八厘　本庁行御用物
附馬四疋
是ハ当処ヨリ新冠駅迠里程壱里七分八厘
壱里壱疋ニ付金六銭宛

右御下渡被仰付度候也
十年四月四日
静内郡下々方村
及川甚兵衛　印
「会計局往復留」（二〇四三）

第五項　明治十一年

駅逓計画

次の「駅逓諸所文移録」（二四九三）は、明治十一年及川甚兵衛などが「静内駅（捫別村にあった駅逓）」を下々方村に移転する希望を開拓使に提出していたことを示すものである。「札幌本庁」の駅逓課から当時静内郡が属していた「第二十二大区」に宛てられたもので「申し入れを詮議した結果、従来通りとの結論に達したことを両人にも伝達するように」との内容である。後述するが、及川甚兵衛は明治十五年五月「駅逓取扱役被仰付正ニ拝命」と述べているように正式に「駅逓取締役」となり「静内駅」は下々方村に移転している。

（朱）駅ノ四百拾三号
第廿二大区区務所
駅逓課
静内駅下々方ヘ移転之儀ニ付及川甚兵衛外壱名与リ之書面添九ノ第四拾六号ヲ以縷々回答ノ趣了承
右ハ詮議之次第有之従前之通据置候間右ニ御承知両人ヘモ被達置度此段申入候也

十一年九月廿八日

「駅逓諸所文移録」(二四九三)

第六項　明治十三年

薪取扱

「諸所文移録」(三八六一)により、明治十三年及川甚兵衛が薪を扱っていたことが明らかになった。この文書は「静内旧区務所(元の静内出張所)」が開拓使「地理課」へ送ったもので、及川甚兵衛が願い出た薪五十敷の払い下げ許可に関するものであった。『静内町史』(昭和三十八年版、六八七頁)によると、「薪材は一敷につき十銭、そのほか炭焼営業材は一坪に付き毎月二五銭の材価であった」。同書(六八八頁)によると、静内郡における材木の状況は、稲田家入植時は「木材などは誰も買う者もなく、開拓使の山林仮規則や、山林取締規則なども移住開拓地には適用されなかった。しかし開拓の進展につれて、やがて森林の保護に重点を置かねばならない時はやって来た。(中略)明治十一年頃から薪木がなくなり、そろそろ材木の払下げを願出するようになった」と状況は変わっていた。

(朱)三之第拾六号

地理課

御中

静内旧区務所

一日高国静内郡下々方村寄留及川甚兵衛薪五十敷　正副二通

右差立候条至急御指令御取計有之度此段及御照会候也

十三年三月十三日

「諸所文移録」（三八六一）

炭焼営業

「諸所文移録」（三八六一）の次の文書は、明治十三年及川甚兵衛が炭焼営業を行っていたことを示すものである。これにより、明治十三年山林関係の許認可は開拓使地理課「山林係」の担当で、一般的に炭焼小屋の土地面積は十間四方程度と考えられていたこと、「山林係」は現場に「実地検査員」を派遣し調査後許可を与えていたことが判明した。

地理課
山林係

（朱）号外
札幌区役所

区第五百三号ヲ以静内郡下々方村及川甚兵衛代佐藤利助炭焼営業追願地所坪数ノ義ニ付御照会ノ旨承了然ルニ坪数ノ義ハ何程ニ限ルト云定規ハ無之候得共該願ニ付要スルハ竃築建及居小屋等ノ地所ヲ予定スルモノナレハ土地ノ便否ニ依リ適宜定ムルト雖概拾間四面モアレハ相弁シ可申訳ナリ且又本願之義ハ再三願続之事故樹木ノ粗密等ハ実地検査員ニテ篤ト注意シ不都合無之様御取計有之度此段回答旁申進候也

十三年五月廿四日

追テ願書返戻および候間本文之次第御注意ノ上指令方御取計可有之此段申添候也

「諸所文移録」（三八六一）

木材入札

「諸所文移録」（三八六一）の次の文書は及川甚兵衛の木材入札に関するものである。この文書により、明治十三年及川甚兵衛が椴材を入札していたことがわかった。また、「入札書封之儘御回致開札候処及川甚兵衛入札書別紙写之通高札ニ付」との記述から、静内郡など地方の入札書は封のまま「開拓使本庁」に送られ、開封後「地理課」が落札者を決定するという具体的落札過程が明らかになった。また、結果として及川甚兵衛が落札したことも判明した。なお、この文書を「静内郡在勤」に送った開拓使本庁「地理課」の「福士」とは、後に述べる開拓使測量事業の中心人物福士成豊である。

静内郡在勤　　　本庁

郡書記島津皓殿　　　地理課

印（福士）

曩ニ其郡遠仏村高岡平兵衛ヨリ没収セシ椴材入札払云々及御照会候処静第二百四拾九号ヲ以及川甚兵衛外一名入札書封之儘御回致開札候処及川甚兵衛入札書別紙写之通高札ニ付即チ同人江払下候条木材御引渡之上代価御取立御回致相成度回答旁申進候也

十三年十月二日

「諸所文移録」（三八六一）

五等郵便取扱人

次の「郵便文移録」（三八九四）の二文書は明治十三年及川甚兵衛が下々方村の「郵便取扱人」であったことを示すものである。七月十六日付文書から及川甚兵衛は「五等郵便取扱人」に昇格していたことが明らかになった。「郵便取扱人」は毎月次のように勘定仕上表を提出していた。

（朱）一ノ第九号

駅逓課

御中

静内旧区務所　印（開拓使静内区務所）

当静内郡下々方村郵便取扱人及川甚兵衛ヨリ本年一月分勘定仕上表別紙ノ通リ届出ニ付差立候条可然御取計有之度此段及御照会候也

十三年一月十五日

「郵便文移録」（三八九四）

駅逓課

御中

戸長役場　印

当静内郡下々方村五等郵便取扱人及川甚兵衛ヨリ別紙本月分御勘定表壱葉差進候条御査収有之度此段申進候也

十三年七月十六日

「郵便文移録」（三八九四）

第七項　明治十四年

駅逓準備

「札幌県治類典」（七四一三）の次の文書は「捫別村駅逓」の転駅に関するものである。この文書から静内郡が及川甚兵衛を「下々方村駅逓」の「事務取扱」と内定していたことが明らかになった。及川甚兵衛は「捫別村（現在の新ひだか町東静内）の駅逓地所および附属品の払い下げ代価一〇五円を認可が得られしだい即金で支払う」と述べている。奥印したのは旧稲田家家臣で「静内郡各村戸長」三善歩であった。

転駅之儀ニ付奉願書

今般当郡捫別村駅逓下々方村江転駅致候ニ付テ私江事務取扱方郡役所ヨリ御達ニ相成拝承奉畏候得共自宅ニ於テ者自今狭小之事故甚タ困却罷在候ニ付右捫別村旧駅逓止宿所附属品悉皆及地所共此代価金一〇五円ヲ以御払下ケ被仰付度御聞済之上者即金上納可仕候尤前載之建家直様入用丈取覆シ下々方村私有地ニ移転建築致駅逓止宿所共御達ニ基キ事務取扱方御請可仕候間願之通御採用被成下度別紙手続書相添此段奉願候也

日高国静内郡下々方村

拾壱番地

及川甚兵衛　印

明治十四年五月一日

開拓権大書記官鈴木大亮殿

前書之通願出ニ付奥印仕候也

静内郡各村戸長　三善歩

「札幌県治類典」（七四一三）

新駅逓計画案

「札幌県治類典」（七四一三）の次の文書は、及川甚兵衛が下々方村駅逓計画案として明治十四年七月提出したものである。「駅逓及郵便ヲ取扱傍ラ旅人宿営業仕度候事」により、彼が「郵便局」・「宿泊施設」を備えた「駅逓」を計画していたことが明らかとなった。牧草地・馬屋の他「馬追」七人、「駅逓備私有馬」三十頭も用意していたことがわかる。「下々方村私有拾壱番地へ建設シ」との記述から、建築予定地は「下々方村拾壱番地」の私有地であったことも明らかになった。

静内郡捫別村駅ヲ下々方村へ移転手続及方法

一捫別村旧会所建家ヲ願受下々方村私有拾壱番地へ建設シ専ラ駅逓及郵便ヲ取扱傍ラ旅人宿営業仕度候事

一駅逓詰帳取扱　壱人
一馬追　七人
一人足　三人
一駅逓備私有馬　三拾頭
　但日々三頭備馬并十頭宛残立差支ナク候
右之通ニ御座候以上
　　静内郡下々方村
十四年七月　及川甚兵衛　印
「札幌県治類典」（七四一三）

第二節　札幌県時代

開拓使は明治十五年二月八日に廃止となり、それ以降静内郡は札幌県管轄となり勇払・白老・千歳・沙流・新冠・静内郡に属することになった。この年から北海道開拓は三県一局時代という大きな転換期に入った。

下々方駅逓取扱役拝命

「札幌県治類典」（七四一三、件番号一三）「沙流郡賀張駅及静内郡下々方駅設置ノ件」中の「御届」は、明治十五年五月十六日及川甚兵衛が正式に「静内郡下々方駅逓取扱役」を拝命したことを示している。次の文書から、新駅逓の業務開始予定日は明治十五年六月一日であったことが判明した。住所を下々方村拾壱番地としていることから、新駅逓は計画通り彼の私有地である下々方村拾壱番地に建築されたことが明らかである。下々方村拾壱番地は、大正十三年土地名称変更により御幸町一〇番地となり、現在は静内御幸町二丁目六となった。

御届

私儀

今般静内郡下々方駅逓取扱役被仰付正ニ拝命仕候ニ就テ者来ル六月一日ヨリ継立可仕候間此段御届申上候也

日高国静内郡

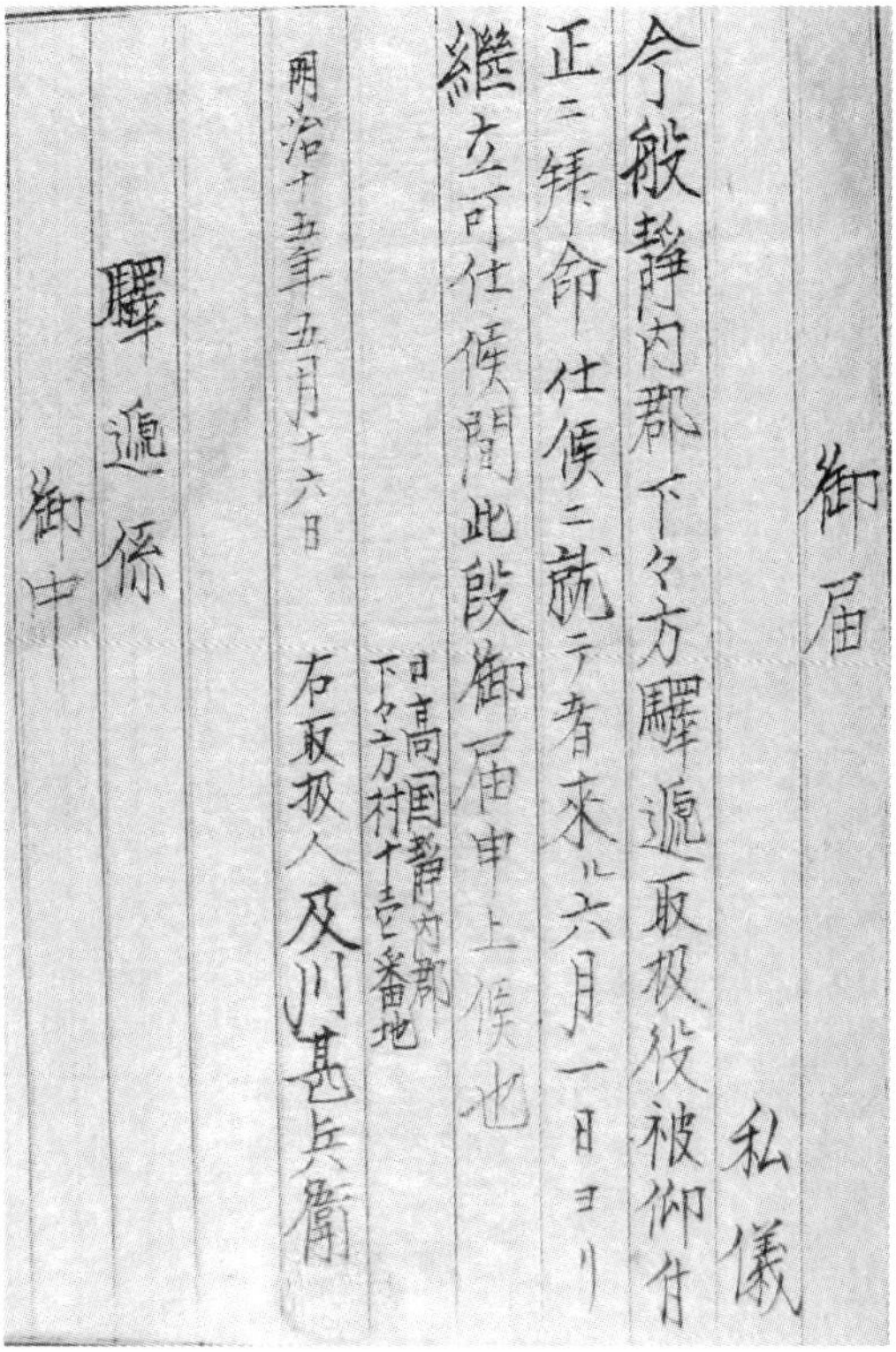
御届
私儀
今般静内郡下々方驛遞取扱役被仰付
正ニ拝命仕候ニ就テ者来ル六月一日ヨリ
継立可仕候間此段御届申上候也
明治十五年五月十六日
日高国静内郡
下々方村十壱番地
右取扱人　及川甚兵衛
驛遞係
御中

「札幌県治類典」（七四一三、件番号一三）

明治十五年五月十六日

下々方村拾壱番地

右取扱人及川甚兵衛　印

駅逓係

御中

「札幌県治類典」（七四一三）

沙流郡門別学校へ寄附

「札幌県治類典」（八六八六、件番号一一）「門別学校へ金員差出シタル及川甚兵衛其他賞与ノ件」中の「寄附願聞届之義上申」により、明治十五年及川甚兵衛外十二名が沙流郡門別学校の新築費の一部として八五円を寄附していたことが判明した。この文書は明治十五年六月五日「勇払白老千歳沙流新冠静内郡長」服部尚春が札幌県へ提出したものである。

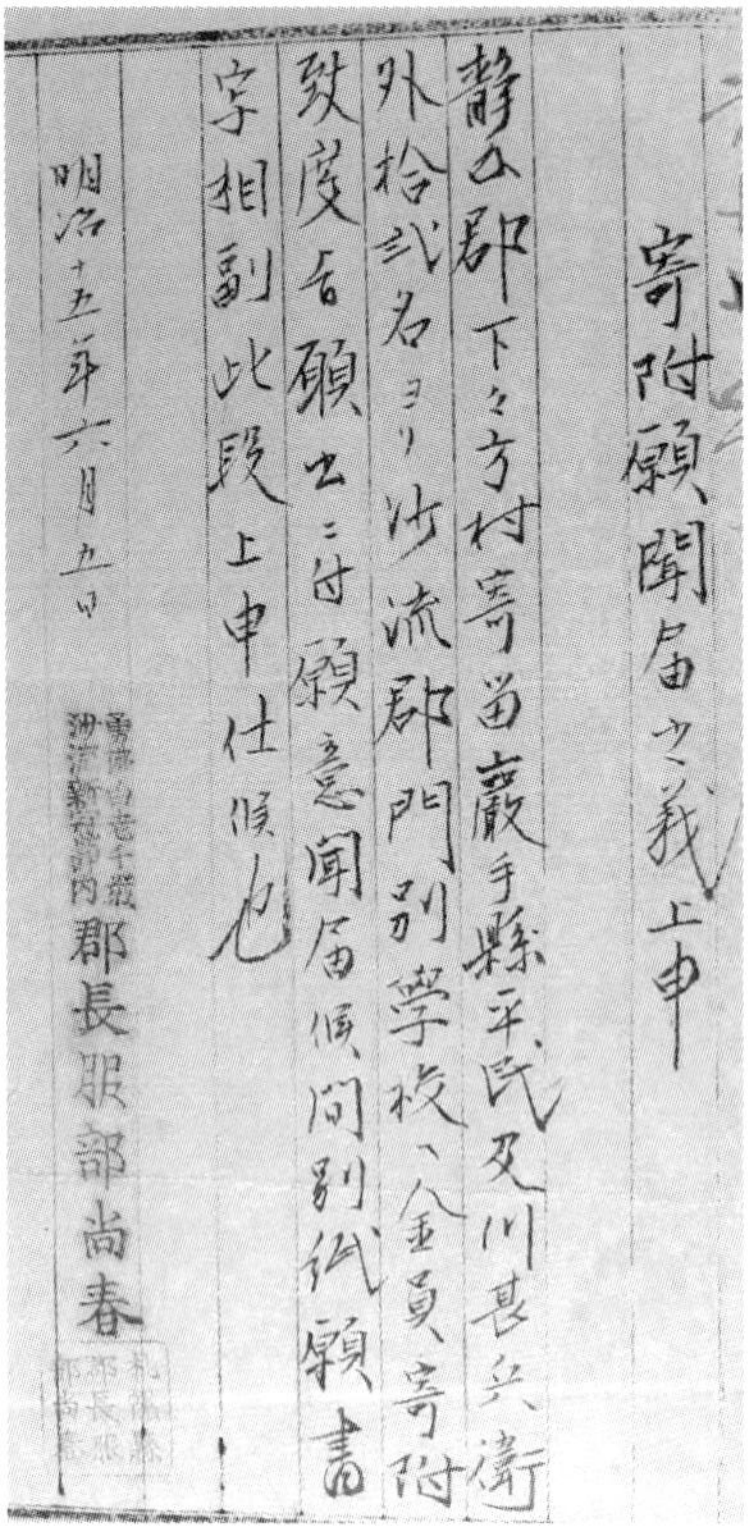
寄附願聞届之義上申
静内郡下々方村寄留岩手県平民及川甚兵衛
外拾弐名ヨリ沙流郡門別学校ヘ金員寄附
致度旨願出ニ付願意聞届候間別紙願書
写相副此段上申仕候也
明治十五年六月五日
勇払白老千歳沙流新冠静内郡長服部尚春

「札幌県治類典」
（八六八六、件番号一一）

政府高官及川甚兵衛方へ

「品川大輔北海道巡回日記」（北大 九一五）に次のような記録がある。

明治十六年六月十七日　日曜日

午前七時四十分出立正午十二時下下方村及川甚兵衛方へ着同所昼食午後一時出立

右の記録は、品川に随行した官吏の日記で、農商務大輔（次官）品川弥二郎が北海道巡視で明治十六年下々方村を訪問した際、及川甚兵衛方で昼食を取ったとの記録である。駅逓か自宅かの記述はないが、いずれにせよ及川甚兵衛の当時の社会的地位を現すものであろう。

第Ⅲ章
二枚の静内郡図が語るもの

「ウセナイ」（『北海道歴検図』「日高洲上」　北海道大学附属図書館）

明治初期の静内郡を描く地図に及川甚兵衛の名前が記されたものが二枚ある。一枚は、「北海道大学附属図書館北方資料室」所蔵「静内郡之図」（図類二三六）である。ある鮭漁場に関する付箋に及川甚兵衛の名が記されている。もう一枚は、「日高国静内郡図」（新ひだか町博物館所蔵）で、同図には「及川甚兵衛拝借地」との書き込みがある。これらの図は何を語りどんな歴史的意味を持つのであろうか。

第一節　「静内郡之図」

第一項　「静内郡之図」の特色

明治初期の静内郡図で及川甚兵衛の名前が記された図が存在する。「静内郡之図」（図類二三六　北大）である。三十枚以上の付箋がついた特色ある図で、その一枚に及川甚兵衛の名前が記されていた。これまでほとんど注目されなかった付箋を切り口に明治八年の開拓使が行った静内漁場改革に迫りたい。

これまでの「静内郡之図」に関する見解

本図を所蔵するのは北海道大学附属図書館北方資料室である。「北海道大学データベース」によると、「内容欄」には「付箋によって漁場毎の三カ年平均海産物収穫高を示す」と記載されている。しかし、「成立年欄」は空白である。つまり、これまで同図の成立年は不明であった。

及川甚兵衛に関する付箋

「静内郡之図」から、静内郡には以下の五漁場があったことが判明した。

第一号漁場　ハルタシナイ〜西ヲワトシマ
第二号漁場　ラシュペ〜ツノミ、染退川上流
第三号漁場　ヲサルサンナイ〜ウセナイ
第四号漁場　東ルゴマツ〜シンヌツ、染退川中流
第五号漁場　古川

同図には三十三枚の付箋がついていた。その大半は各漁場三ヶ年平均の漁獲高を記入したものだ。この中に「(朱)第五号漁場　鮭五拾石位ノ見込(朱)此古川是迄休業之場所ニツキ今度寄留人笈川甚兵工ヨリ願出候ナリ」すなわち、「第五号漁場　漁獲見込み鮭五十石、この度寄留人及川甚兵衛が休漁中の古川鮭漁場の経営を願い出た」と記された付箋があった。「笈」は「及」と同義で使われた漢字であるため、及川甚兵衛のことであることに疑いはなかった。この付箋から、及川甚兵衛が古川の鮭漁場経営を願い出ていたこと、及びその場所が明らかになった。

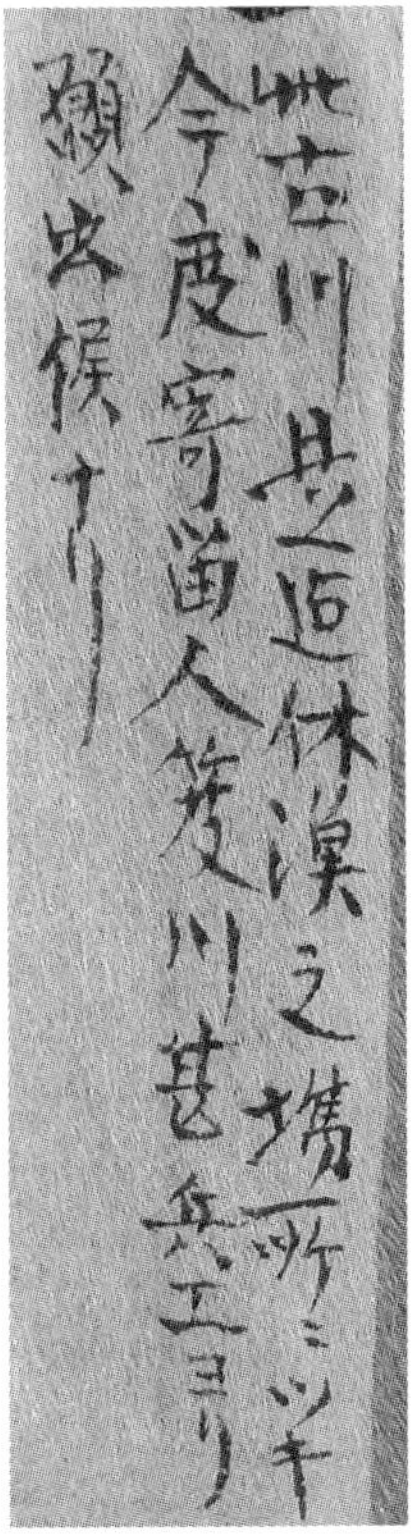

「静内郡之図」部分拡大
（図類二三六　北大）

付箋に残る松本十郎の指示

「静内郡之図」の付箋を詳しく読んでいた時、あることに気づいた。「松本」との小さな文字付きの付箋が二枚あったことである。あたかも、割り印のように使われた文字である。「ヲショムヘシ」漁場の付箋に「身代慥ナルモノ望ヲ待テ可相渡若無之ハ土人ニ可割渡事」すなわち、「財力のある人物の出願を待ち、出願希望がない場合はアイヌ住民に割渡すべきこと」、「マクヘツ村」漁場の付箋に「マクヘツ村土人一統ニ相渡」すなわち、「マクヘツ村（幕別村）漁場はアイヌ住民全員に渡すこと」と記されていた。二枚の付箋に共通していたことは、アイヌ住民に関する指示であった。明らかに開拓使の上司が出したに違いない。名字が松本、かつ静内郡漁場改革に関わった開拓使高官とは大判官松本十郎である。彼はアイヌ住民に対する指示に認め印も押していた。最初はなんという念の入れようかと思った。しかし、当時のアイヌ住民が置かれていた立場を今改めて考えると、この認め印は松本十郎の彼らに寄り添う思いを象徴しているように感じられる。

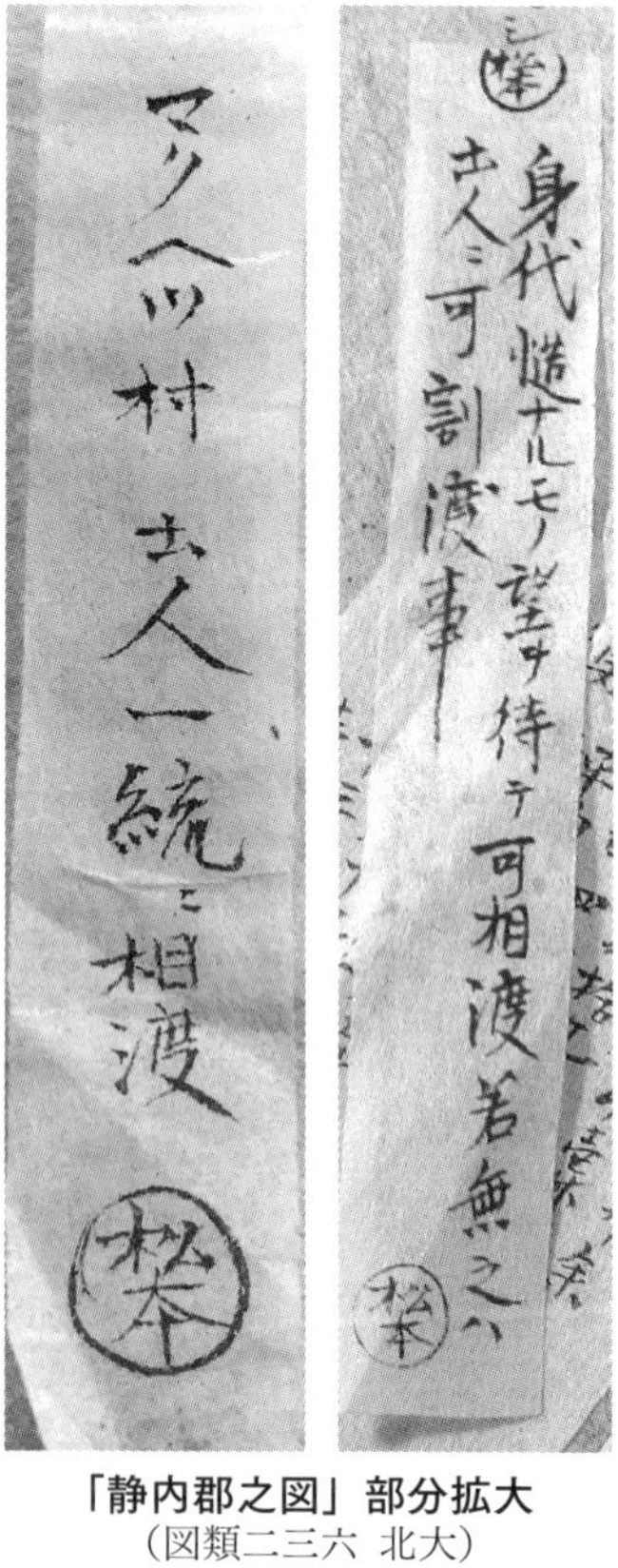

「静内郡之図」部分拡大
（図類二三六 北大）

付箋が示す同図成立年

同図が作成された年代推定の手がかりは付箋の中にあった。「出産物及直段共壬申年ヨリ甲戌年迄三ヶ年平均調」、すなわち「出産物・値段ともに明治五年より七年までの三カ年平均」との付箋である。「壬申年ヨリ甲戌年迄三ヶ年」とは、明治五年より七年までの三カ年を指すため、同図は明治八年以降に作成された可能性が高い。さらに、「開拓使公文録」（五六〇四）から明らかなように、「静内郡漁場昆布浜割渡」は明治八年に行われたことが判明している。従って、「静内郡之図」は明治八年に作成されたと推定するのが妥当であろう。

「静内郡之図」と開拓使文書との照合

「明治八年開拓使公文録」（五六〇四）に「静内郡之図」（図類二三三六　北大）の内容を裏付ける文書があった。両者を照合した結果同文書中の「染退古川漁場鮭壱ケ所　鮭五拾石見込」は、「静内郡之図」（図類二三三六　北大）の付箋「第五号漁場鮭五拾石位ノ見込」の内容と合致していたことが判明した。

一　染退古川漁場鮭壱ケ所
　一　鮭五拾石見込
　　内七石五斗　　収税
　　残四拾弐石五斗
　　此代金百拾壱円拾銭

「浦川往復」部分拡大
（六二四）

「開拓使公文録」（五六〇四）

以上の史料から、及川甚兵衛は明治八年より古川鮭漁場を経営したことが判明した。

また、「沙流新冠静内各郡海産干場貸地録」（四六四二）から、古川漁場の面積は百二十四坪であったことが明らかになった。

第二項　松本十郎の静内漁場改革と「静内郡之図」

浦川様似静内三郡漁場改革之義上申

（朱）第七拾七号

浦川様似静内三郡漁場改革之義上申

浦川様似両郡漁場官捌往々不都合ニ付廃止静内郡漁場ハ出稼函商山田栄六漁具代返済淹滞ニ付一切引上ケ候随而右三郡更ニ人撰可相任之処希望人無之且是迄東部之義ハ旧来受負人ニテ取行候旧染脱セス土着土民ト雖トモ未タ漁業ノ利ヲ自由スル不能土人ニ至リテハ僅ノ傭銭ヲ以テ役使セラレ候義ニ有之此度幸之折柄ニ付更ニ移住土人エ割渡入用諸品仕入方ハ各其自由ニ任セ土人ハ束縛ノ旧染ヲ脱シ産業ヲ営ミ交易ノ便ヲ知ラシメ西地同様漁村ヲ開キ候様決議則本年四月第三十七号ヲ以及開申候次第ニ有之右之処分ニ付去月上旬山崎権大主典雑賀重村派出申付移住土人其他迄雇入手代番人等該郡へ帰籍志願有之者共迄夫々分割委詳別紙取調書之通処分仕候尤魚屋倉廩舟艇其他諸具諸品等ハ即今引渡中ニ付代価并上納方法等ハ追而協議上申之筈有之候此段上申仕候也

札幌在勤
大判官松本十郎
八年五月廿九日
長官黒田清隆殿

「開拓使公文録」（五六〇四）

右の「開拓使公文録」（五六〇四）「浦川様似静内三郡漁場改革之義上申」は、開拓使札幌本庁大判官松本十郎が明治八年五月開拓使長官黒田清隆に宛てたものだ。松本十郎が北海道東部浦川（以下「浦河」と表記）、様似、静内三郡の漁場の現状をどう捉えていたかを示す文書である。彼は「東部之義ハ旧来受負人ニテ取行候旧染脱セス土着土民ト雖トモ未タ漁業ノ利ヲ自由スル不能土人ニ至リテハ僅ノ傭銭ヲ以テ役使セラレ候義ニ有之」すなわち、「東部漁場には従来場所請負人により行われた悪しき体制や習慣が残り、移住者（稲田家旧家臣）は未だに漁業で利益をあげられず、アイヌ住民に至っては僅かの賃金で使役されている」と問題点を述べ、この上で「移住土人エ割渡入用諸品仕入方ハ各其自由ニ任セ土人ハ束縛ノ旧染ヲ脱シ産業ヲ営ミ交易ノ便ヲ知ラシメ西地同様漁村ヲ開キ候様」つまり、「アイヌ住民を以前のような束縛から開放し移住者やアイヌ住民が必要とする漁具、その他の必要品の仕入れは各人の自由に任せ、北海道西部海岸同様自由な商業活動により漁業を営めるようすべきである」との解決策を上申した。この上申の背景には彼が静内漁場でアイヌ住民が低賃金で使役されていたこと、稲田家が旧場所請負人から漁具等を譲受けた際の借金やその返済が稲田家や開拓使にとって大問題として残ったことを把握していたことがあるであろう。

この「上申」から明らかなように、松本十郎は問題点を的確に捉えた上で、明確なビジョンを示している。彼が目指したことは「漁場経営を通じて移住民・アイヌ住民の自立を促すこと」であり、北海道の漁場の歴史の中で画期的な出来事であった。松本十郎が始めた静内漁場改革により、静内漁場は場所請負人・漁場持と続いた独占的支配から、個人・団体の経営へと大きく変わっていった。筆者の高祖父の漁場経営はその一例であり、「静内郡之図」（図類二三六　北大）の付箋はその過程を示していた。

松本十郎の漁場改革は漁場を開放することのみであったのか。海産税について調べた。海産税は明治二年現品物納であったが、明治五年七月「浦河支庁管下現品税ヲ金納ト為ス」と金納に改められていた。ところが、明治八年五月海産税の納入方法が再び変更され現物納入に改正された（『静内町史』六二三頁）。当時漁民が魚・昆布等を現金化することは容易ではなかったと思われる。従ってこの変更も漁民に配慮した漁場改革の一環と推察できる。税率の変更はなかったか。「開拓使公文録」（五六〇四）より、明治八年静内漁場全員の収税額から海産税を割り出し以下のことが判明した。

昆布税　二五％（明治八年六月から減額された、以前は三〇％）
鰯油税　二〇％
鮭税　一五％
鰯粕税　一五％

特に、昆布の海産税が五％減額になったことが分かった。昆布漁場の大部分は開拓使の記録では「土人一統渡」である。つまりアイヌ住民に開放されていた。「日高国静内郡図」における「土人共拝借地」である。従って、この昆布海産税の減額もアイヌ住民に配慮した漁場改革の一環と推察できる。松本十郎主導の改革は漁場開放、海産税の現物納入への変更、海産税の減額の三点が一体となったものであったことが判明した。

なお、同文書中の「右之処分ニ付去月上旬山崎権大主典雑賀重村派出申付」から、松本十郎は明治八年四月上旬札幌本庁の山崎権大主典、雑賀重村を静内郡に派遣し漁場改革の実務を担当させていたことが明らかになった。

松本十郎翁頌徳碑

松本十郎翁頌徳碑

明治二年北海道開拓使の創設に伴い開拓使判官として根室に赴任。同六年には札幌本庁の大判官に任じられた。翁は漁業の振興農地の開拓膨大な赤字の解消、官吏の綱紀粛正、病院や学校の建設など諸課題に取り組み北海道初期行政の基礎作りに大きな成果を挙げられ、特にアイヌといえども日本国の民なりとしてその擁護に努められた。また、民族衣装ア

松本十郎翁頌徳碑（山形県鶴岡市）

ツシを愛用しアッシ判官と道民に慕われた。明治九年自ら職を辞して鶴岡に帰郷、私費をもって戊辰戦死者を慰霊する招魂碑を建立。また、六十基を超える碑を撰し先覚者の顕彰に尽くされた（句読点は筆者が加えた）。

山形県鶴岡市に「松本十郎翁頌徳碑」があり、その碑文は松本十郎の功績を簡潔に述べている。「明治九年自ら職を辞して鶴岡に帰郷」の背景には、黒田清隆との樺太アイヌ対雁移住に関する意見の相違があったと言われている。

及川甚兵衛古川鮭漁場経営

「明治八年開拓使公文録」（五六〇四）の「漁場昆布浜割渡済上申」は、明治八年五月「染退古川漁場鮭一ケ所」が及川甚兵衛へ「割渡」されたことを示す文書である。「染退古川」とは現在の新ひだか町静内古川町を流れる「古川」を指していた。及川

「及川甚兵衛古川鮭漁場」跡（静内海岸町１丁目）

甚兵衛が漁場経営を行ったことを示す最初の文書である。また、この文書から「静内漁場昆布浜割渡」の実務を担当した開拓使官員が特定できる。文書に署名した山田謙、雑賀重村、山崎清躬の三名である。明治八年静内郡在勤であったのは同年二月に赴任した山田謙である。先に述べた「静内郡之図」（図類二三六　北大）の付箋での指示は松本十郎より彼ら三人に向けられたものと推定される。

漁場昆布浜割渡済上申

静内漁場昆布浜伺済ニ基キ別紙之通夫々割渡方取計申候此段上申仕候也

明治八年五月九日

静内郡在勤　十一等出仕　山田謙

同郡出張　十等出仕　雑賀重村

権大主典　山崎清躬

大判官　松本十郎殿

（中略）

陸中国和賀郡岩崎村

平民下下方村寄留

及川甚兵衛渡

一染退古川漁場鮭一ケ所

「開拓使公文録」（五六〇四）

「静内郡之図」は松本十郎静内漁場改革資料

以上を根拠に、「静内郡之図」（図類二三六　北大）は明治八年開拓使大判官松本十郎が静内郡漁場改革を行った際、静内郡で実務に当たった開拓使官員との間で交した資料であったと推定される。従って、作成年は明治八年、作成したのは実務を担当した山田謙、雑賀重村、山崎清躬と推定される。ただ、付箋を詳細に調べた結果、筆者は北海道大学北方資料室が所蔵する図は開拓使本庁に保存された副本であると推測している。なぜならば、厳密には付箋に残るのは「松本」との「認め印」ではなく、「手書き文字」であったことが判明したからである。開拓使時代には文書を発送する際同じ文書を二部作成し、正本を先方に送り副本を保存していた。

「静内郡之図」から見えたもの

筆者の高祖父の名前を地図上に発見したことから始まった同図についての調査は、明治初期北海道東

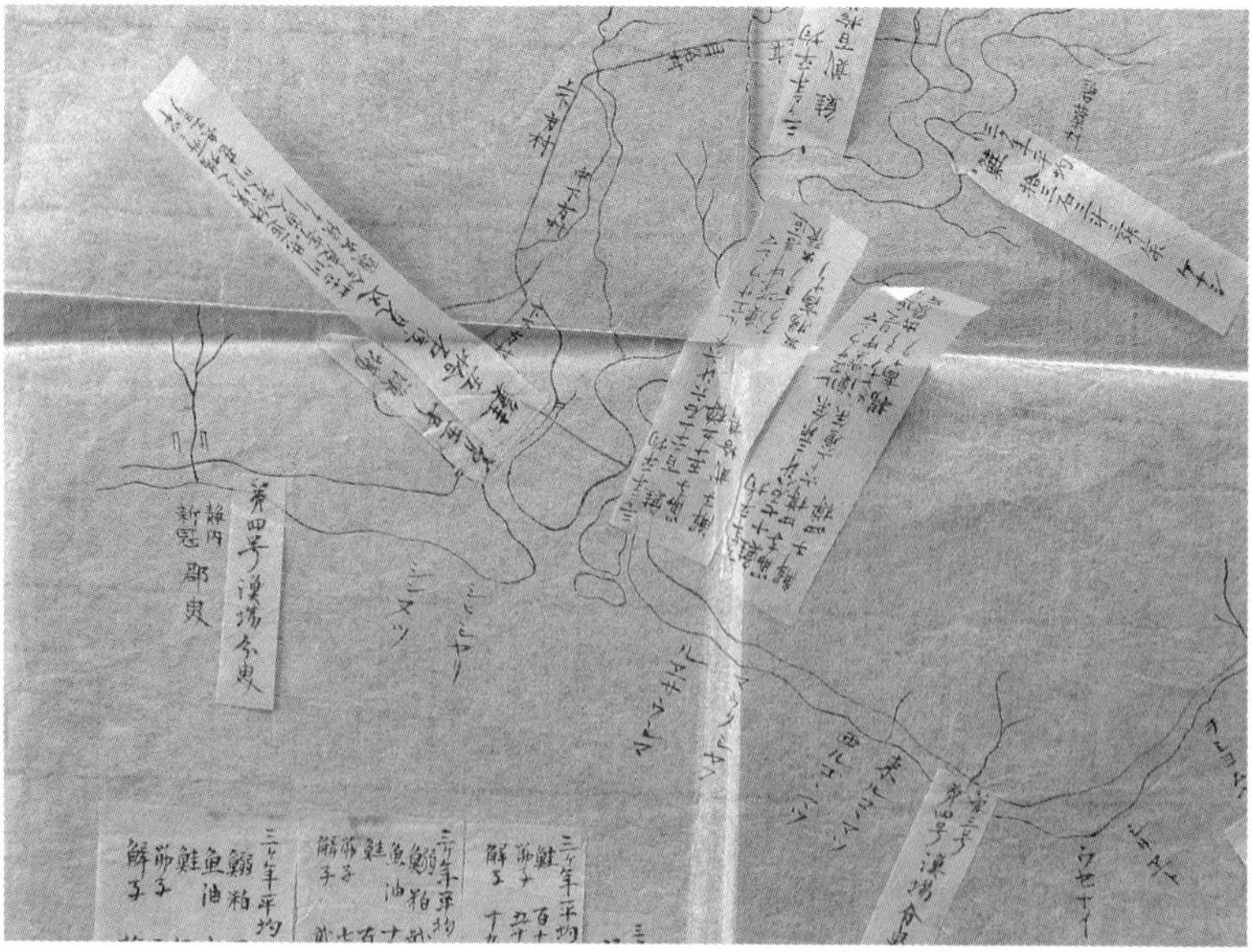

「静内郡之図」部分拡大（図類二三六　北大）

部が抱えていた問題を背景に松本十郎が静内郡漁場改革をどのように行ったか具体的に明らかにしてくれた。

第二節　「日高国静内郡図」

第一項　「日高国静内郡図」に触れた文書

これまで「日高国静内郡図」に触れた文書は少なく、筆者の知る限りでは『静内町史』と『北海道地理』（一九九一年）で発表されたある論文のみである。

『静内町史』（増補改訂版　昭和五十年）は、三二四頁で同図を「明治十三年に作成された静内郡図」とのキャプションを付け掲載していた。ただ、同図の説明はなく、根拠も示していなかった。

一方、『北海道地理』の論文「明治

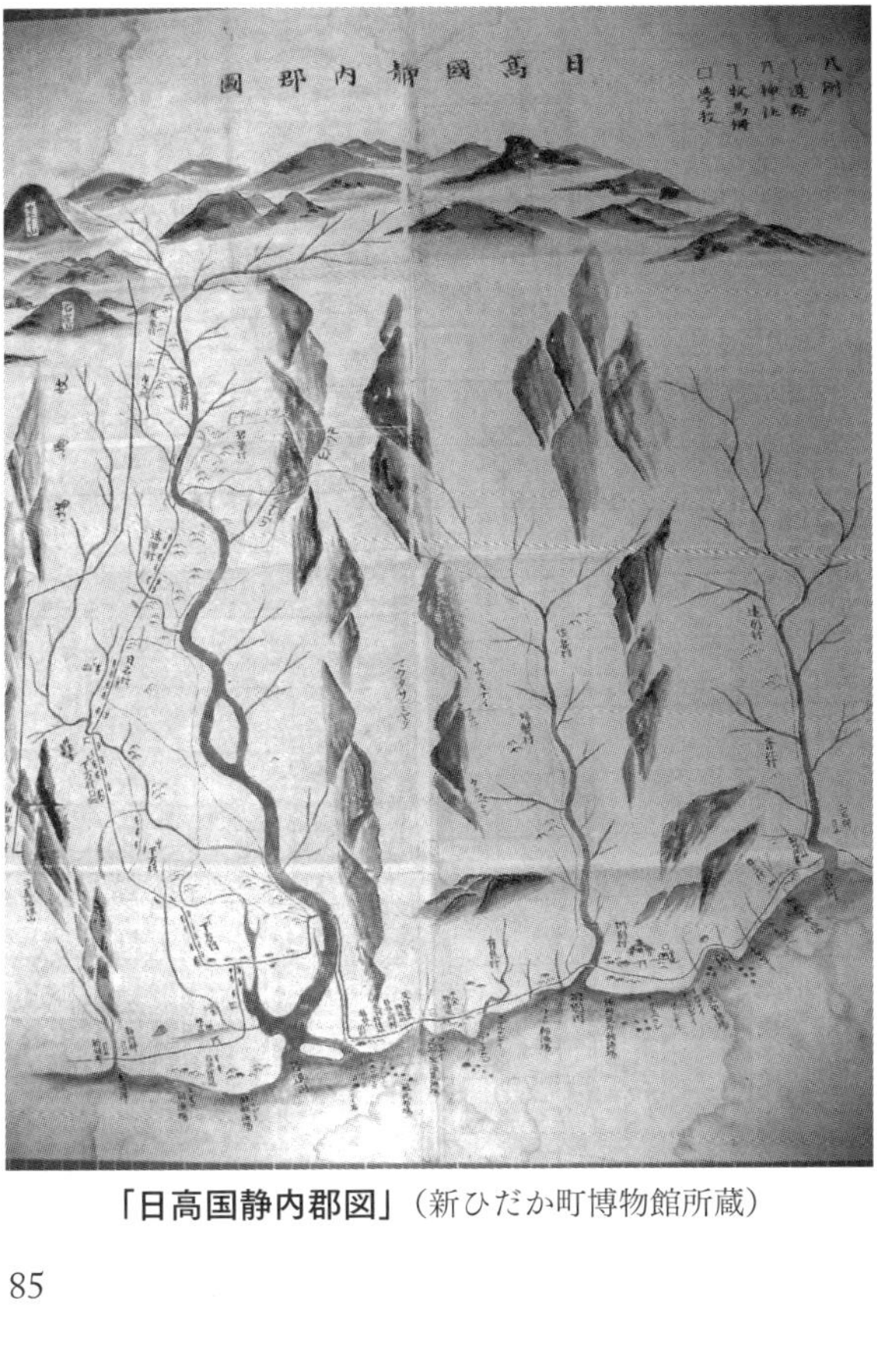

「日高国静内郡図」（新ひだか町博物館所蔵）

初期の静内郡絵図に関する若干の考察」(平井松午・羽田野正隆)は、同図を「一八七二年もしくは七三年の状況を示していると考えられる」としていた。つまり、成立年を「明治五年もしくは六年」と捉えていた。

なお、同論文の及川甚兵衛に関する記述の誤りに気づいた。子孫でなければ分からない誤りであるため、この機会に指摘したい。「芨川甚兵衛（のちの及川鯉蔵）」との記述があったが、正しくは「芨川甚兵衛の孫が及川鯉蔵」である。

第二項　「日高国静内郡図」が描いているもの

「日高国静内郡図」は三石境から新冠境までの静内郡全体の十六村名・海岸・水系・山・道路・住居などを描いた図である。郡境界・漁場・その生産物も記されている。加えて海岸部では「土人共拝借地」、「及川甚兵工拝借地」、「及川拝借地」、「移住人同断」、「移住人同断」、「移住人拝借地」、内陸部では「牧場場」、「稲田」、「蛭子社」、「八マン社」などの書き込みがある。「稲田」が静内郡支配を命じられ、明治四年捫別（現在の新ひだか町東静内）に上陸した徳島藩淡路須本城代家老稲田九郎兵衛の稲田家を指しているのは言うまでもなかった。以下「凡例」や「拝借地」などを切り口に同図が描いているものを明らかにしたい。

1　「牧馬柵」

「牧馬柵」や「是より牧馬場」、「牧馬場」との書き込みは何を語るであろうか。『静内町史』（昭和三十八年版、六一〇頁）によると、「是より牧馬場」、「牧馬場」と記された場所に、牧場が設けられたのは

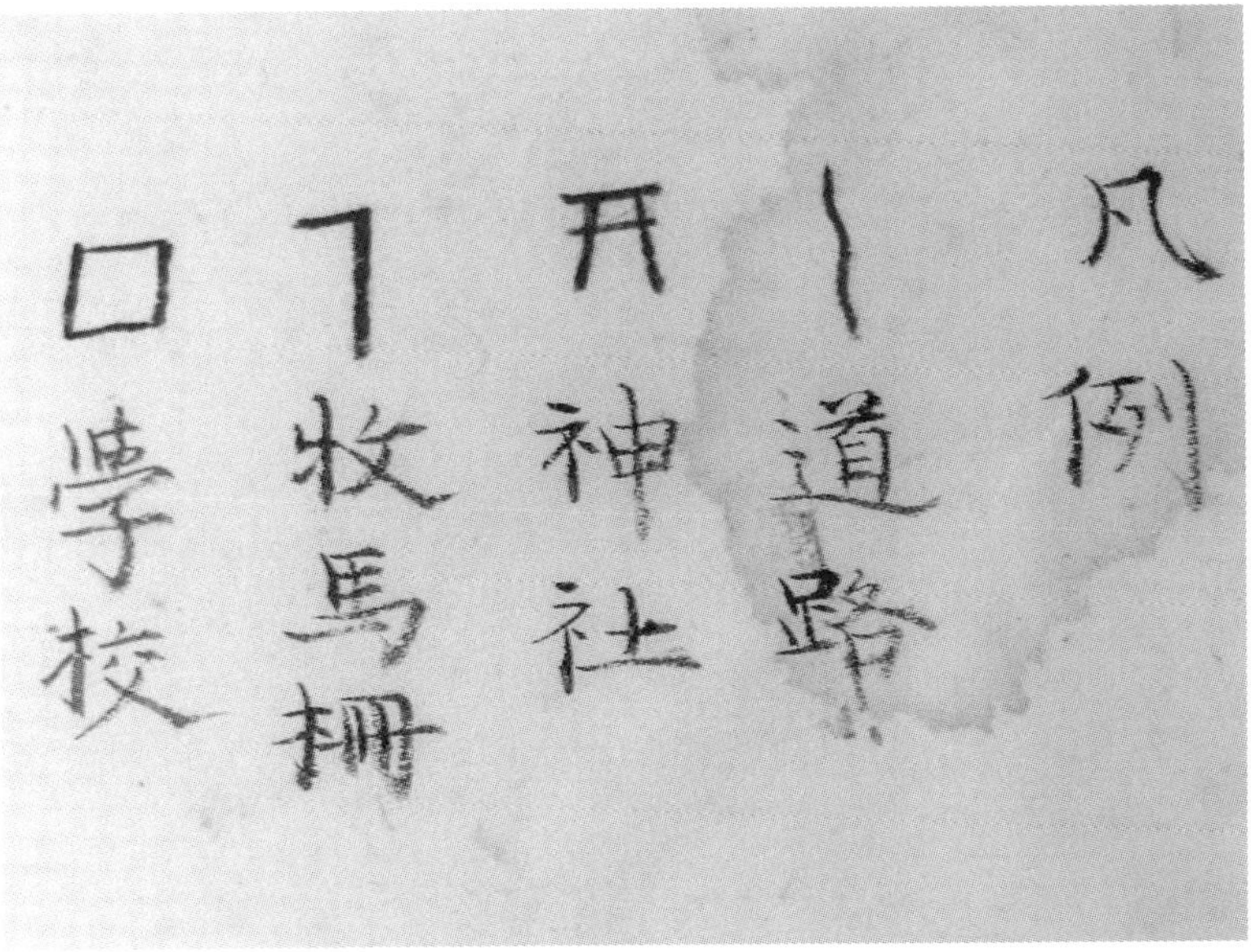

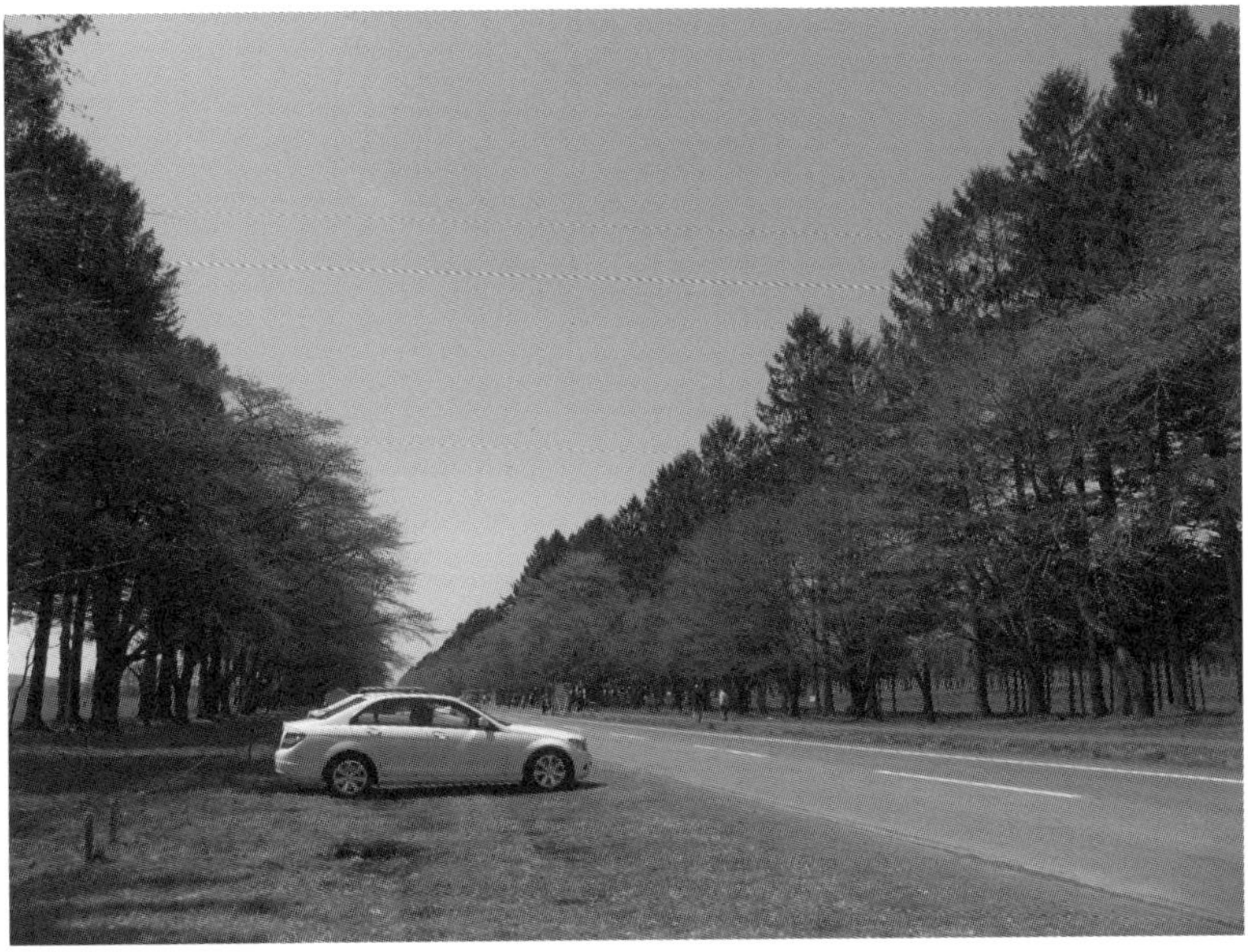

「**新冠牧場**」**跡**（静内御園）

明治九年である。同『町史』が「明治十年以降新冠郡に属する地を旧牧場と云い静内郡を新牧場と称す」と述べているように、最初の新冠牧場は新冠にあった。凡例「牧馬柵」からは、「日高国静内郡図」は明治九年以降の静内郡を描いていると推定できる。

2　「八マン社」

神社の切り口から何が言えるであろうか。同図には四社が描かれている。下々方村に「蛭子社」・「八マン社（以下「八幡社」と標記）」があり、目名村、捫別村に名前のない二社が描かれている。目名村の神社は現在「皇祖神社」として知られる「神武天皇社」、捫別村の神社は「金刀比羅神社」であったことは言うまでもない事実である。また、「蛭子社」は幕末から存在し、のちに静内神社となり、現在の場所に移転されたことも周知の事実である。従って、本稿では「八幡社」とは何かについて述べたい。

金刀比羅神社（東静内）

神武天皇社（静内神森）

静内神社（静内御幸町５丁目）

八幡社とは

「八幡社」は『静内町史』にその記述はなく、地元でもほとんど知られていなかった神社であろう。「神社教導書類」(三八七六)に次のような記述がある。

「神社之義願」

「去ル明治五年申之年当郡下々方へ移住以降旧淡路国氏神八幡宮ヲ仮舎ニテ年々祭典執行罷在候処本年ヨリ新規ニ当村ニ社ニ勧請仕度候」すなわち、明治五年下々方村に移住以来仮場所で祭られていた淡路の氏神八幡宮を新たに「八幡社」として下々村に建てたいとの願であった。下々村総名代東原久吉が明治十三年二月二十五日開拓使に提出したこの文書により、下々村に「八幡社」が建てられた経緯が判明した。

なお、淡路の氏神八幡宮は現在の洲本八幡神社(兵庫県洲本市)と推定される。同神社の説明に「洲本城代稲田氏の祈願所として淡路の国の安寧が祈られました」とあるからである。なお、同文書は下々方村在住の稲田家の人々が「八幡社」建設・維持のためどのように取組んだのかを示している。

「祠掌《ししょう》」

「神官之義者日高国静内郡上下方村神武天皇祠掌同国新冠郡高江村氷川神社祠掌兼務教導職試補山本茂範江相頼年給金参円差遣度候也」すなわち、神官は上下方村「神武天皇」の祠掌で新冠高江の「氷川神社」祠掌兼務山本茂範に依頼し年俸三円としたいとの記述である。これにより現在神森の「皇祖神社」

と呼ばれている神社は、この当時「神武天皇」と呼ばれていたことが明らかである。

「維持之方法」

「本年ヨリ七カ年毎戸壱ヶ年大豆壱斗五升宛差出右代価ヲ積金トシ利子ヲ以修繕費ニ充タク候也」すなわち、各家庭が毎年大豆を一斗五升ずつ拠出し、その代金を積み立て、利子を修繕費に充てる七カ年計画である。なお、「本年ヨリ」とは「明治十三年より」を意味している。

「寄附金員調」

及川甚兵衛	住友政蔵
竹谷惣兵衛	太田之雄
沼田富次郎	増本瀧蔵
山本茂範	小栗房之丞
藤本運	竹内新蔵
伊藤倉之助	谷山萬兵衛
岩佐愿兵衛	本庄康平
松田忠平	渡　喜一
東原久吉	炬口恒三郎
曽根琴一	久次米富吉

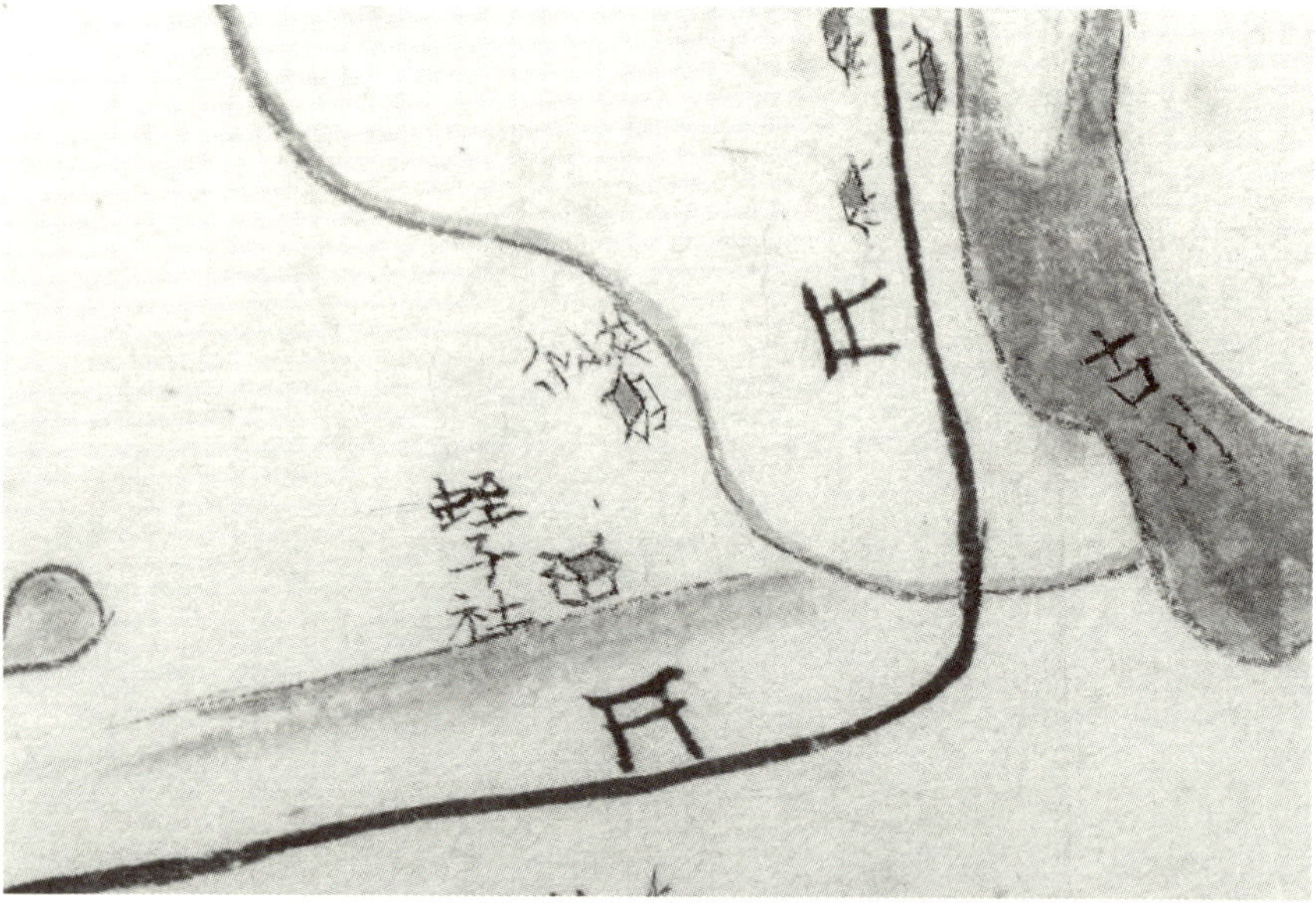

「蛭子社」・「八マン社」部分拡大（日高国静内郡図）

「蛭子社」跡（静内木場町１丁目）

橋本藤五郎　　　　　　高田由平
在田恒七　　　　　　　友村膳蔵
藤原助吉　　　　　　　大嶋幸衛
武岡清吉　　　　　　　友成藤太
岡村篤郎　　　　　　　井川源蔵
中村有一郎　　　　　　白川沖平
来海常太　　　　　　　井川幸蔵
友成又一郎　　　　　　坂本亀蔵
笹尾岩八　　　　　　　中村辨次
「氏子戸数調」
惣計
　戸数　　三拾弐戸
　人員　　百拾七人

以上三十八名の下々方村住民が壱円五拾銭、七拾五銭、五拾銭、三拾銭など寄附し合計三拾四円十五銭が集まった。この書類から新神社建設費用を上回る寄附が集まっていたことが判明した。土地は友成又五郎が所有していた「下々方村街道」沿いの一千五百五十六坪を神社用として寄附した。「仕様書」の詳細はここでは省略するが、社殿の図面も添付されていた。建築費用総額は三拾壱円弐拾八銭であった。

「八幡社」はどこに建てられたであろうか。前述のように、「下々方村街道」沿いにあったことは判明している。「日高国静内郡図」からは、「蛭子社」と「八幡社」はそう遠くない場所に建っていた可能性があると読み取れる。なお、「蛭子社」は現在の静内木場町1丁目池内ベニア事務所にあったことが特定されている。「日高国静内郡図」の「八マン社」との書き込みから、同図は少なくても明治十三年二月以降の静内郡を描いていると推定される。

3 「学校」

「上下方村」の「学校」は何を語るであろうか。このはじまりは明治四年捫別（現在の新ひだか町東静内）に開設された稲田家の私塾「益習館」である。校長は荒城重雄、教師は三吉笑吾であった。「益習館」は後に目名に移転し、「目名教育所」と呼ばれ、明治十年には「目名学校」と改称されていた。『静内町史』（昭和三十八年版、七八三頁）は、「明治十二年八月

「益習館」跡（新ひだか町東静内）

目名学校は上下々方村神森会館跡に移転改築、校名も高静小学校と改め、ようやく学校の体裁を整えるに至った」と述べている。すなわち、「目名学校」は明治十二年八月上下々方村神森会館跡に移転し、校名が「高静小学校」と改められたのであった。名前の由来は、静内、新冠両郡でただ一つの教育機関であったため、新冠を指す高江と静内の最初の文字から「高静小学校」と呼ばれたと言われている。だが、この「高静小学校」の存在を根拠に、同図成立年を明治十二年以降と決めつける訳にはいかない。

同図の捫別村すなわち、現在の新ひだか町東静内に「学校」がもう一校描かれている。同『町史』（八一五頁）の「明治十六年六月二日、今の東静内神社社務所隣り付近に、高静小学校分校としての創立開校式を挙げたのがそもそも東静内小学校のはじまりであった」との記述から、この「学校」は明治十六年六月に創立された「高静小学校分校」であったことが判明した。これを根拠に、「日高国静内郡図」は明治十六年六月以降の静内郡を描いたと推定される。

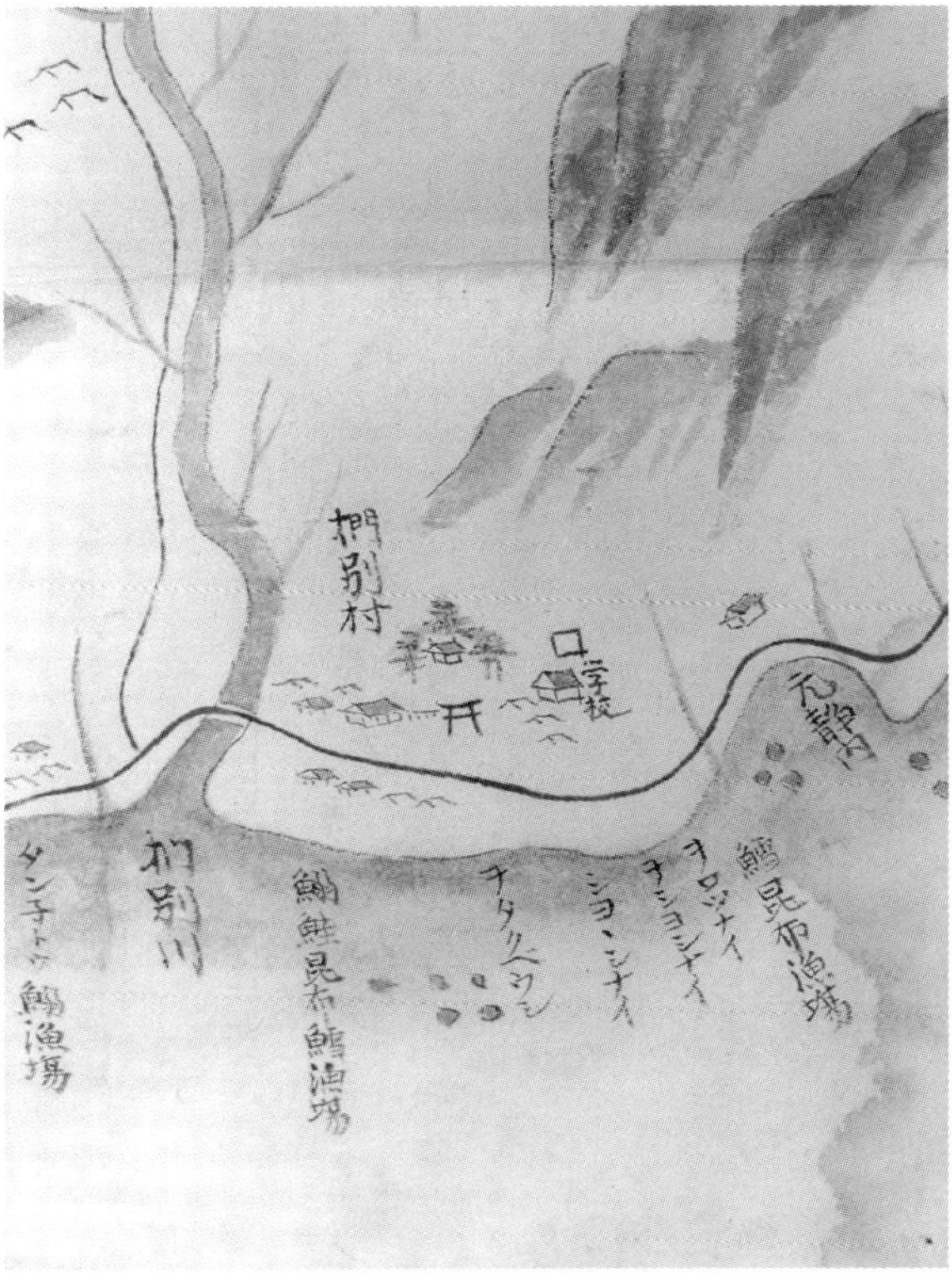

捫別村「学校」
（高静小学校分校＝「日高国静内郡図」部分拡大）

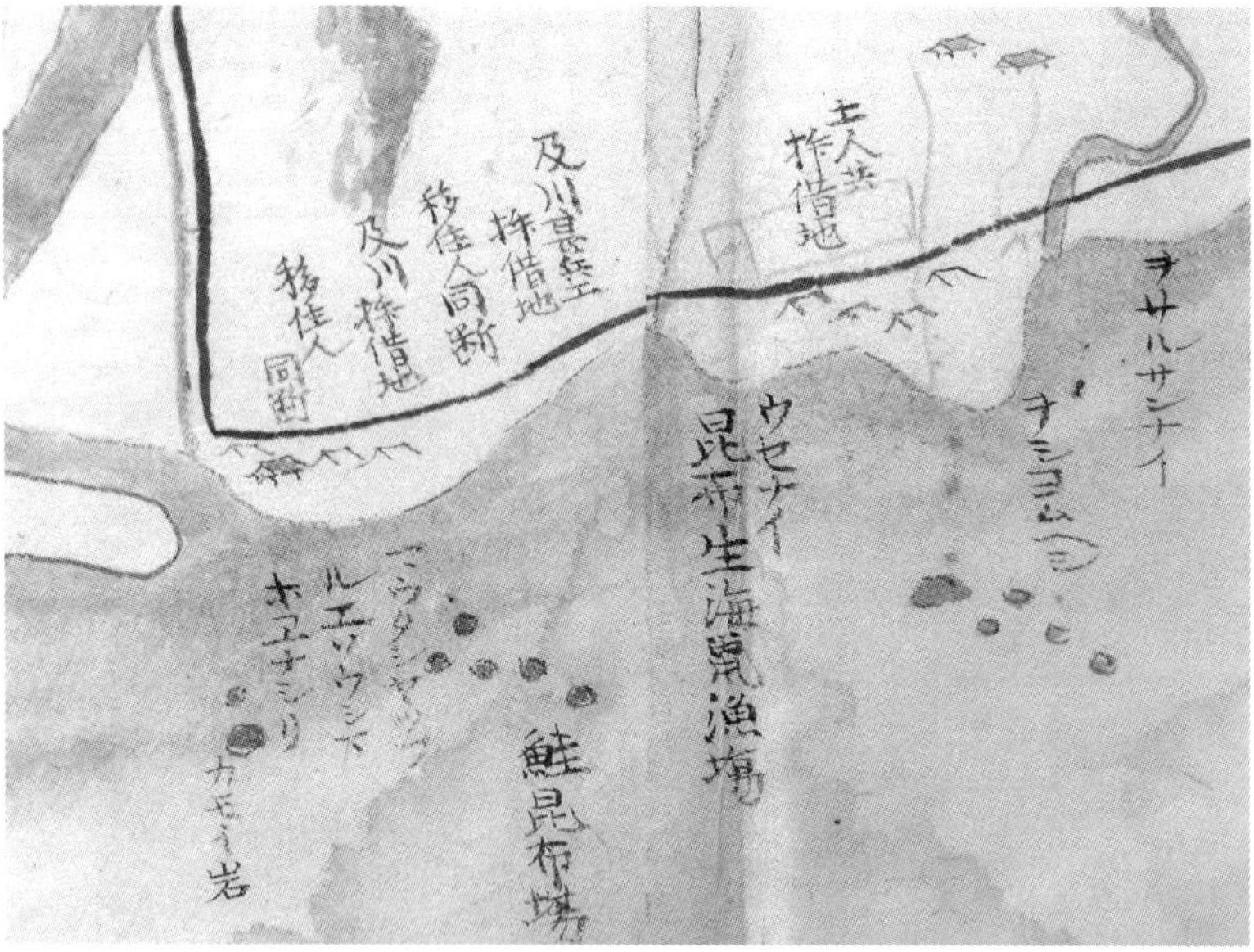

「日高国静内郡図」部分拡大

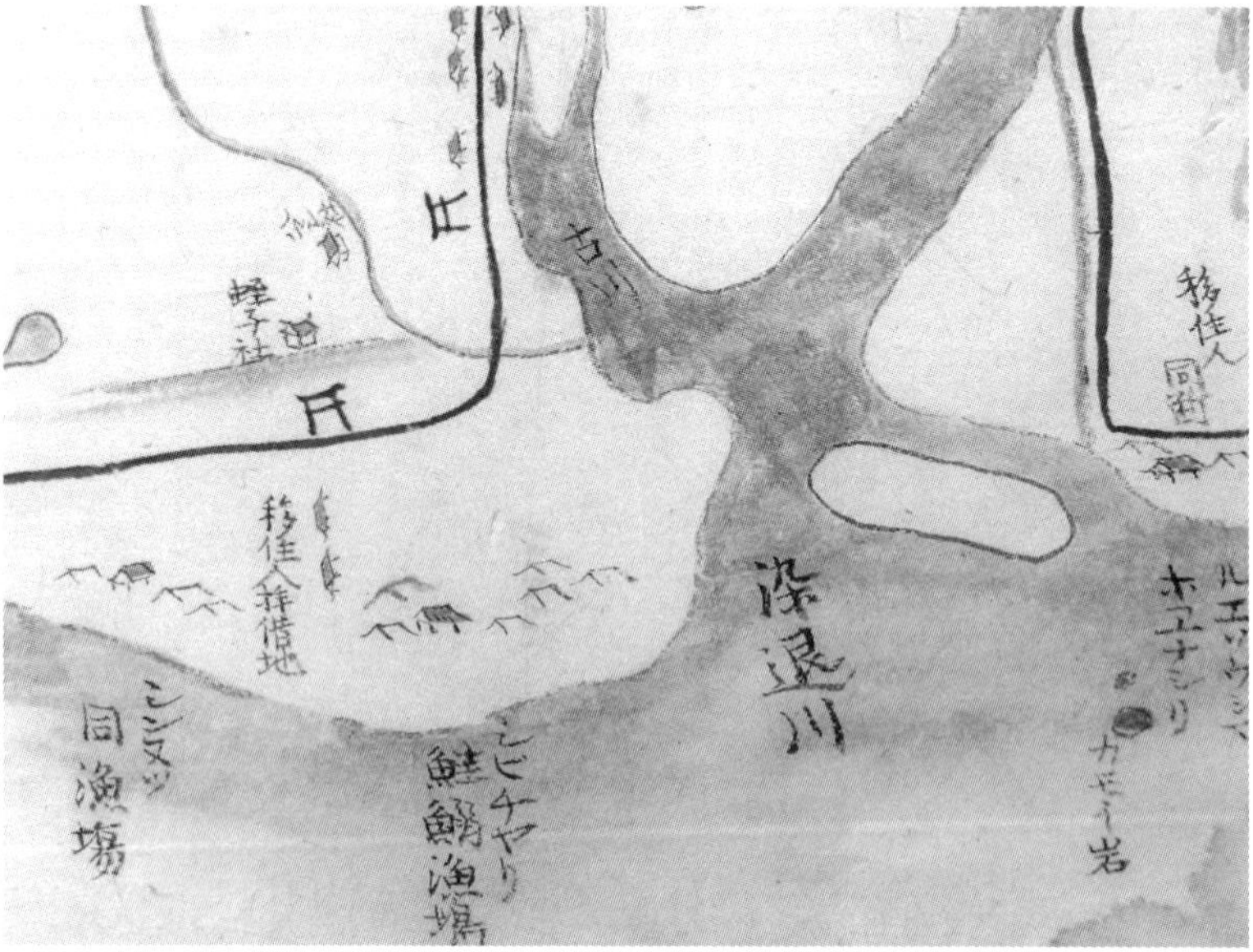

「日高国静内郡図」部分拡大

4 「拝借地」

右の図は「日高国静内郡図」の海岸部を拡大したものである。「土人共拝借地（不適切な表現であるが歴史史料としてそのまま使用）」、「及川甚兵工拝借地」、「移住人同断」、「及川拝借地」、「移住人同断」との書き込みがある。「同断」とは「右に同じ」の意味で用いられた語句である。「及川甚兵工」は筆者の四代前の高祖父及川甚兵衛であり「土人共」がアイヌ住民を指していることは明らかであった。

「拝借地」とは何であろうか。同図が明治十六年六月以降の静内郡を描いていると推定できたことで、「拝借地」とは札幌県への納税の見返りに個人・団体が経営権を得た漁場であったと特定できる。「開拓使公文録」（五六〇四）、「静内郡漁場昆布浜割渡」一覧により、静内郡の漁場は明治八年アイヌ住民、旧稲田家家臣団、民間人に割り渡されていたことが判明した。同文書を詳細に調べた結果、同年二十七漁場が割り渡されたことが明らかになった。その内訳は七割の漁場が稲田家移民とアイヌ住民に割渡されていた。なお、原文では「稲田家移民」は「七ヶ村渡」と表現されている。民間人で割渡しを受けたのは及川甚兵衛、上林準太郎、吉田孝助、竹内多十郎であった。従って「拝借地」から、「日高国静内郡図」は明治八年以降の静内郡を描いていると言えるであろう。

①「土人共拝借地」

「開拓使公文録」（五六〇四）により、明治八年次の漁場がアイヌ住民に割渡されていたことが判明した。

一浦井鮭漁場一ヶ所

一市父鮭漁場一ヶ所

一ラシュペ昆布浜一ヶ所
一チャラセナイ昆布浜二ヶ所
一元静内昆布浜一ヶ所
一ヲショシナイ昆布浜一ヶ所
一ヲタクベウシ昆布浜一ヶ所
一ツノミ昆布浜二ヶ所
一有勢昆布浜一ヶ所

年ごとにその後の漁場の状況を把握することは困難であるが、「沙流新冠静内各郡海産干場貸地録」(四六四二)から、「土人共有地」(「日高国静内郡図」の「土人共拝借地」)はその後も存続していたことが明らかである。

②「移住人拝借地」

「移住人」は稲田家旧家臣を指しているのであろうか。下々方村海岸にも「移住人拝借地」と記された場所がある。『静内町史』(昭和三十八年版、六二七頁)は、「稲田移民は一五〇人が結合し下々方(現静内)に海産会社を設立して漁業に当たったが、何分経験のないこととて充分な成果をあげることが出来ず、(中略)明治十四年までに一万六十七百円(原文ママ)の負債を生じ、万策つきてつい閉鎖の止むなきに至った」と述べていた。従って、筆者は稲田移民の漁場はそれ以降は存在していなかったと理解していた。しかし、「日高国静内郡図」に「移住人拝借地」が描かれていた。
明治十六年旧稲田家家臣が漁場経営を続けていたことを示す文書があった。「札幌県治類典」（八一四五）である。次がその中の「漁業資本金拝借奉願書」という文書である。

漁業資本金拝借奉願書

一金九百円也
内金四百五拾円也　本年三月卅日之拝借奉願分
金四百五拾円也　本年四月廿日之拝借奉願分
此抵当品
鰯絞粕　三百六拾七石　十三十四十五三カ年収穫平均
此代千八百三拾五円也　但平均相場百石ニ付金五百円也
右者明治十六年漁業資本金トシテ本文之金員拝借仕度返納之義ハ当十六年鰯絞粕書載之通リ捌別官庫ニ於テ還納可仕候間拝借金母子差引御決算被成下度前三カ年平均収穫品調書相添出産人総代保証人連印ヲ以此段奉願候成
日高国静内郡七ケ村共有漁場総代
拝借人　西岡愛之助　印
同国同郡出産人総代
外山数衛　印

同国同郡下々方村
保証人　及川甚兵衛　印

十六年三月十九日

「札幌県治類典」（八一四五）

以上のように明治十六年三月旧稲田家家臣西岡愛之助、外山数衛、及川甚兵衛は連名で「漁業資本金拝借奉願書」を札幌県へ提出していたことが判明した。この債務保証人となったのが及川甚兵衛であった。同文書から旧稲田家家臣団は明治十六年「七ケ村共有漁場」と呼ばれた漁場を静内郡海岸で経営していたこと、「七ケ村」とは遠仏、目名、上下方、中下方、下々方、有良、捫別であったことが明らかになった。しかし、開拓使や札幌県はこの漁場を「移住人拝借地」と呼んでいたのである。これまで知られていなかったが、「日高国静内郡図」中の「移住人拝借地」と「札幌県治類典」（八一四五）の「七ケ村共有漁場」は同じものであった。

「札幌県治類典」（八八〇二）「静内郡下々方村寄留和田圭太、静内郡下々方村ノ地所払下願ノ件」（件番号五五）は、明治十六年の下々方村海岸の「七ケ村漁場拝借地」すなわち、「移住人拝借地」の詳細を伝える文書である。下々方村六番地寄留平民和田圭太は明治十六年九月二十四日「荒蕪地御払下願」を提出した。この中の「日高国静内郡下々方村字染退無号地七ケ村漁場隣陸揚道路東南之方往来ヨリ凡五十間」から、「願地」は下々方村字染退無号地の「七ケ村漁場」と「陸揚道路」の隣にあり「往来」すなわち、「根室往来」からおよそ五十間の場所であったことが分かる。希望した土地の広さは百三十一坪であった。また、「見込書」で土地取得の目的を「諸物品陸揚ケ之際遠路ニ而（中略）倉庫造営仕候見込」と、「諸物品陸揚げの際の不便解消のため新倉庫を建設する予定」としていた。この文書は「沖掛リ」と呼ばれた「港」が明治十六年に存在していたことを示している。和田圭太は次の図を「願地」説明用に添付した。これは明治十六年の下々方村海岸付近を描いた貴重な図である。画面上部が北、「七ケ村漁場拝借地」の南は海岸である。川は「古川」と「真沼津川」が描かれている。「古川」から西に分かれているのが「シンヌツ」現在の「真沼津川」である。「シンヌツ」に架かる橋は現在の「潮見橋」で、この橋を基準に考えると静内駅や線路の位置が推測できるであろう。また、「字染退」との書き込みがある。この「染退」は川の名ではなく当時住所として用いられたことを示している。現在の「静内海岸町一」付近を指していたと推測される。この添付図は図らずも「移住人拝借地」が明治十六年に存在していたことを証明する史料である。

なお、この図の「七ケ村漁場拝借地」に隣接し「及川甚兵衛拝借地」も描かれていた。「移住人拝借地」の存在を根拠に、「日高国静内郡図」は明治十六年以降の静内郡を描いていると推定される。

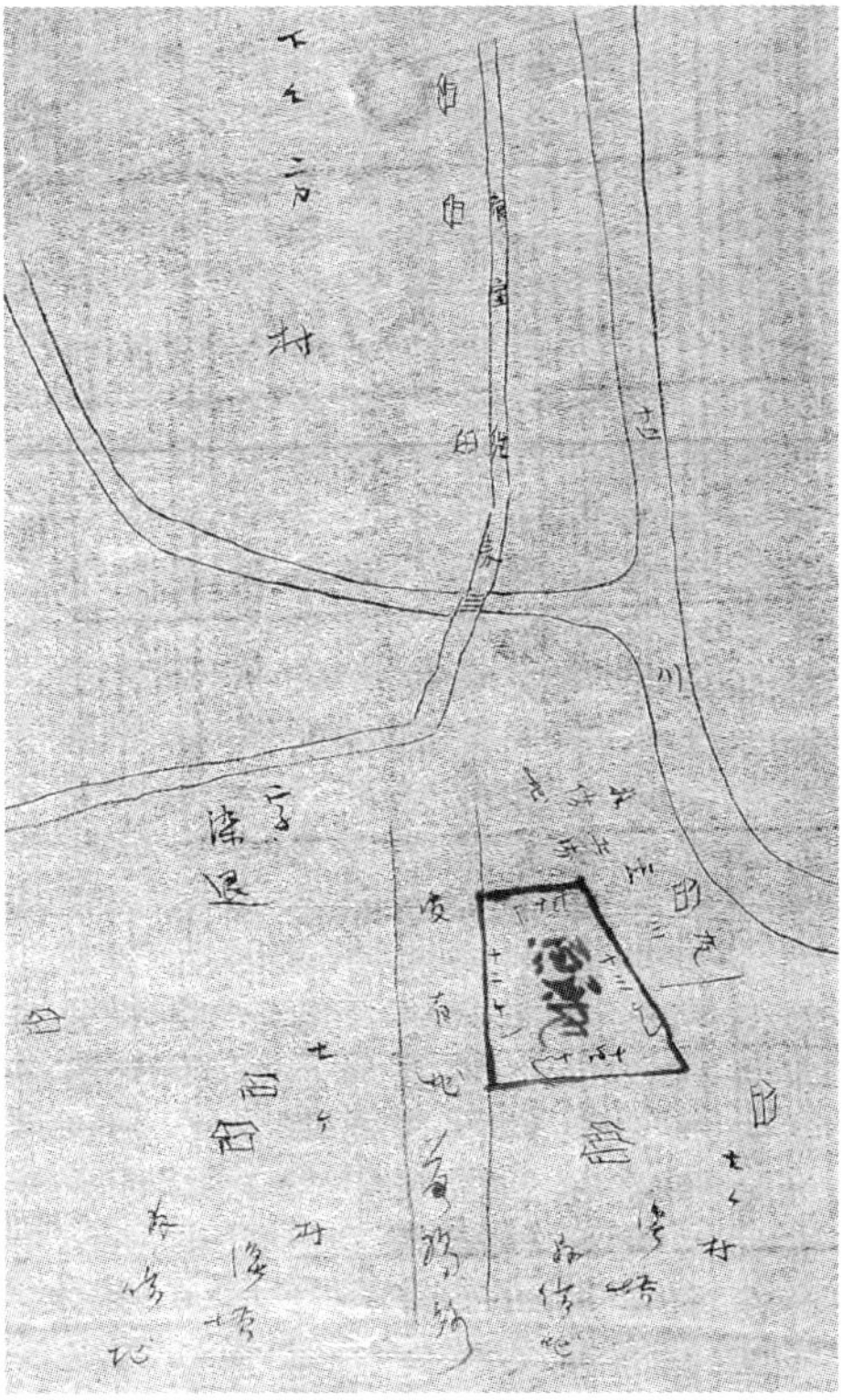

「移住人拝借地」
（七ケ村共有漁場拝借地＝「札幌県治類典」
（八八〇二、件番号五五））

③「及川拝借地」

静内郡の明治八年から十六年の漁場に関する史料を調べる過程で、及川甚兵衛が静内郡海岸で漁場を拝借していたことを証明する開拓使文書を発見した。「沙流新冠静内各郡海産干場貸地録」（四六四二）である。「海産干場」すなわち、昆布漁場を拝借していたことが明らかになった。まさに、「日高国静内郡図」で「及川拝借地」・「及川甚兵衛拝借地」と描かれた漁場であった。特に、「及川拝借地」の詳細を記録した開拓使文書は、「会計局往復留」（二〇四三）「昆布場営業奉願」であった。

昆布場営業奉願

御管下日高国静内郡ノ内字マウタサツフニ於テ別紙調書ノ通昆布場営業仕度候間相当ノ地処御割渡被下度此段奉願候也

岩手縣下陸中国和賀郡岩崎村
日高国静内郡下々方村寄留
及川甚兵衛　印

明治十年一月三十日

総代　上林準太郎　印

開拓長官黒田清隆殿

前書之通願出取調候所事実相違無御座候仍而奥印仕候也

副戸長　山本茂範　印

昆布場調書

日高国静内郡字マウタサッフ
一　昆布場　　壱ケ所
　表口　　弐百四十間
　奥行　　五間
　　総坪　　千弐百坪
一　納屋　　弐棟
　間口　　六十間
　奥行　　五間
　　総坪　　三百坪
　　　右ハ新規造営
一　船
　持符　　四艘
一　雇夫　　壱弐名
一　見込高　百石
右之通御座候也

岩手県下陸中国和賀郡岩崎村
日高国静内郡下々方村寄留
及川甚兵衛　　印

「及川拝借地」跡（静内入船町）

静 内 川 河 口

「会計局往復留」（二〇四三）

同文書から及川甚兵衛がこの漁場を拝借したのは明治十年であったことが明らかになった。明治八年に始めた古川での鮭漁場経営の二年後、昆布場を経営していたことが判明した。昆布場面積一二〇〇坪、納屋三〇〇坪、持符四艘、雇夫十二名などの具体的な数字からある程度その規模を想像することが出来る。この場所を示すのは「日高国静内郡字マウタサツフ」という記述である。「日高国静内郡図」では「マウタシャツフ」と表記されている海岸で、現在の「静内入船町」である。

④　**「及川甚兵衛拝借地」**

特に、「及川甚兵衛拝借地」を示した開拓使文書は、「沙流新冠静内各郡海産干場貸地録」（四六四二）である。これにより、「及川甚兵衛拝借地」は九百六十坪の海産干場を持つ「有良村字有勢内」昆布場

「及川甚兵衛拝借地」跡（ウセナイ海岸）

であったことが判明した。「地券授与年月日、十四年七月廿二日」、「明治廿一年七月十六日本人へ払下」との記述から、及川甚兵衛はこの漁場を明治十四年から拝借し二十一年には払い下げを受けていたことが明らかになった。この浜は昆布とナマコの漁場であったが、筆者がこの場所を訪れた日も、砂浜には黒光りした昆布がたくさん打ち寄せられていた。

日高国静内郡有良村字有勢内

一海産干場九百六十坪　百坪金弐十円

地価　地租　地券授与年月日　地主所籍　地主姓名

百九十二円　壱円九十弐銭　十四年七月廿二日　陸中国東和加郡　及川甚兵衛

岩崎村

明治廿一年七月十六日本人へ払下　印

「沙流新冠静内各郡海産干場貸地録」（四六四二）

以上のように「日高国静内郡図」が描いたものを詳細に調べた結果、筆者は同図の成立年は明治十六年以降の可能性が最も高いとの結論に達した。

第三項　札幌県における地図作成

「地理係」

明治十六年静内郡は札幌県の管轄下にあった。同県で測量・地図作成を担った部門は、「稟議上申録」（七八八五）から明らかなように勧業課「地理係」であった。同文書によると明治十六年同係は、「常務科」、「鉱山科」、「量地科」、「製図科」、「測候科」の五科からなり、職員数三十五人の組織であった。

地理係
　常務科
　　七等属　川中在邦
　　九等属　加納俊正
　　御用係　江良健蔵
　　御用係　片倉景範
　　課雇　藤崎甚平
　　課雇　高橋知房
　鉱山科
　　御用係　諏訪廉三
　　御用係　多羅尾忠郎
　量地科
　　御用係　福士成豊

御用係　調所恒徳
御用係　加藤政吉
御用係　菅沼正吉
御用係　丸山光成
御用係　近藤義従
御用係　盛田孫兵衛
御用係　久慈政徳
御用係　平井辰次郎
雇　犬飼清信
雇　山村廣司
雇　柳田淺吉
雇　大槌貞幹
雇　富塚傳左衛門
雇　井瀬信賢
雇　波岡末五郎
製図科
御用係　望月　学
課雇　最上義八郎

課雇　小池国信
課雇　小野彦四郎
測候科
御用係　福士成豊
雇　木村伸三
課雇　久慈確郎
課雇　熊谷政房
課雇　村田太郎
増毛在勤
課雇　佐藤寅太郎
石狩在勤
課雇　丸山金太郎

「稟議上申録」（七八八五）により、勧業課「地理係」で測量・地図に関する業務を担当していた部署は、「量地科」と「製図科」であったことが明らかとなった。「量地」とは、現在の測量に当たる表現である。「量地科」の業務は「測地一般ニ関スル事・道路見込線撰定ノ事・殖民地予定ノ事・測量用具取締ノ事」「製図科」の業務は「製図ニ関スル事、地図保護ノ事、製図用具取締ノ事」となっていた。

福士成豊の「管内略図」作成に関する上申

「札幌県治類典雑」（八八一二）によると、勧業課「地理係」福士成豊は明治十六年七月十日次の上申をおこなった。彼は「量地科」と「測候科」の「御用係」を兼務し、両分野に最も精通した高官で北海道における測量・地図作成の中心人物であった。

管内略図調製之義ニ付上申

本県地図ノ義ハ旧開拓使ニ於テ調製候北海道三角測量図之外御備無之候得共三県分立ノ今日ニ於テハ管内地図調製無之テハ差支不尠義ト被存候然ルニ従来開拓使ニ於テ調製シタル如ク之レカ実測ヲ待チ居テハ数年ノ時日ト巨額ノ経費ヲ要セサレハ成功期シ難ク候間寧ロ山川村落ノ位置路線等ヲ記入シタル略図ヲ製シ目下ノ処務上ノ需要ニ供セラレ候方可然見込候因テハ地理係ニ於テ至急調製方着手相成候様致度此段上申仕候也

すなわち、「札幌県が備えている地図は旧開拓使作成の北海道三角測量図のみであり、管内地図を未だ作成できていない状況であります。このため三県体制となった今日、業務上様々な支障をきたしております。本来なら、従来開拓使が行ったような実測に基づく地図作成を行うべきではありますが、それには数年の時日と巨額の経費を要し実現困難と思われます。むしろ「地理係」としては目下の急務に応えるため山川・村落の位置・路線などを記した管内略図を至急作成したいと存じます。（文責　筆者）」との上申であった。

「管内略図」の作成開始

「札幌県治類典土地測量」（八〇七九）によると、「地理係」が明治十六年七月二十四日「管内略図編成」に関し発信した文書がある。「管内略図編成ニ付各郡役所へ照会ノ件」（件名2）で札幌区役所、小樽、石狩、室蘭、岩内、古平、勇払、浦河、増毛各郡役所宛であった。この文書により、福士成豊の「上申」の通り札幌県は明治十六年七月「管内略図編成」を開始したことが判明した。なお、この当時「勇払郡役所」は「勇払郡外五郡役所」として白老、千歳、沙流、新冠、静内郡役所を管轄していた。同文書は「略図編成」提出期限を「来ル九月三十日限リ整頓ノ見込ヲ以」すなわち、明治十六年九月三十日と定め、道路線・村堺見込線・電信線路・河川・山岳・郵便局・郡区役所・戸長役場・警察署・裁判所・病院・学校・橋梁・渡船場・市街の凡例を具体的に例示していた。

「管内略図」例

はたして、この時作成されたはずの「管内略図」は存在しているのであろうか。北海道立文書館に「胆振国勇払郡略図」、「日高国静内郡略図」、「日高国新冠郡之図」、「日高国沙流郡略図」、「千歳郡略図」、「胆振国室蘭郡略図」などの「郡略図」が所蔵されていた。「番外簿書二一」の袋にまとめられた薄い一枚物の図である。ただし、どの図も作成年、作成者に関する記述はない。しかし、ほぼ統一された名称、描き方の図で、凡例は「地理係」が「管内略図編成ニ付各郡役所へ照会ノ件」で指定した通りであるため、これら一連の「郡略図」は札幌県が明治十六年に作成を始めた「管内郡略図」であると推定される。

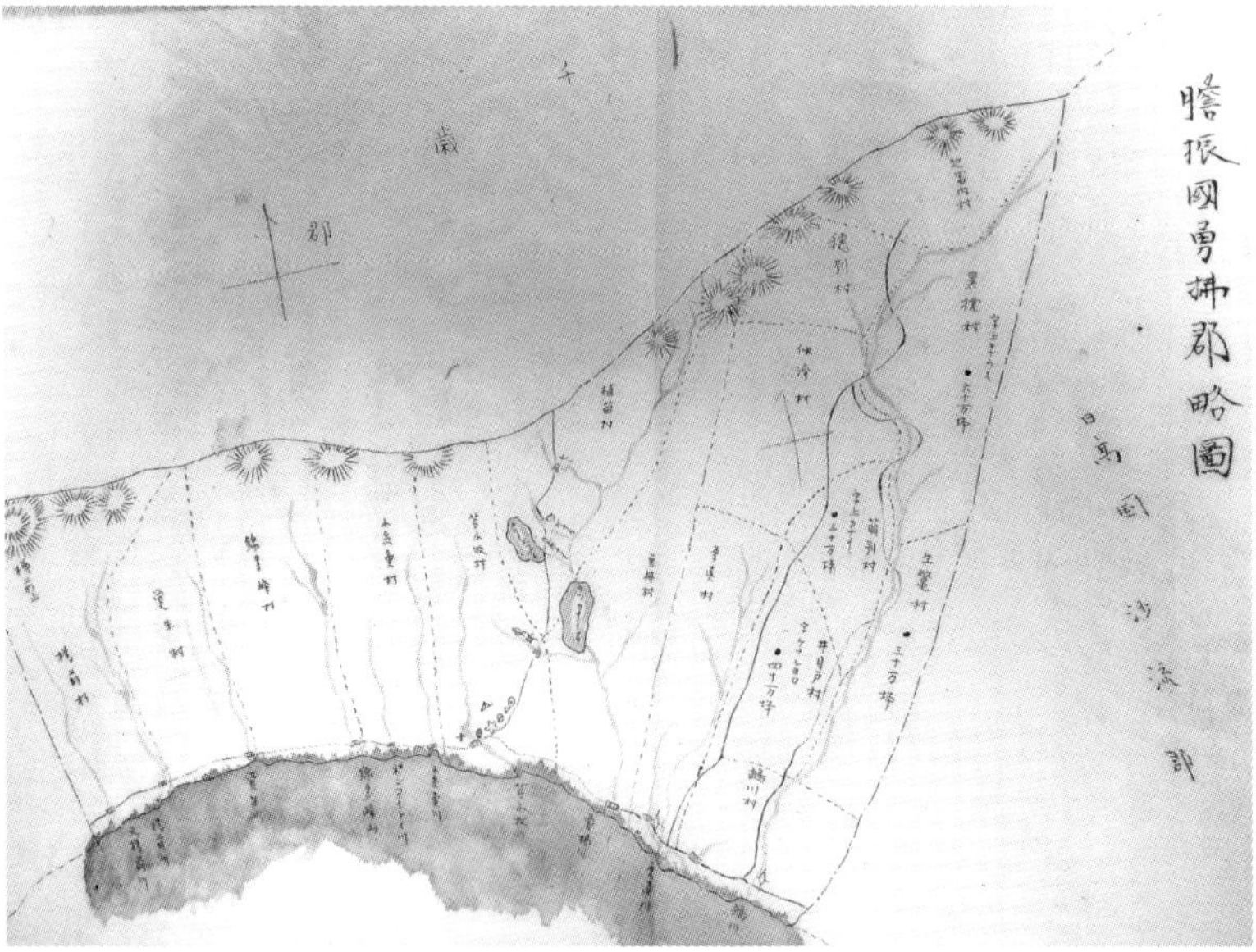

「胆振国勇払郡略図」（北海道立文書館「番外簿書二一の七」）

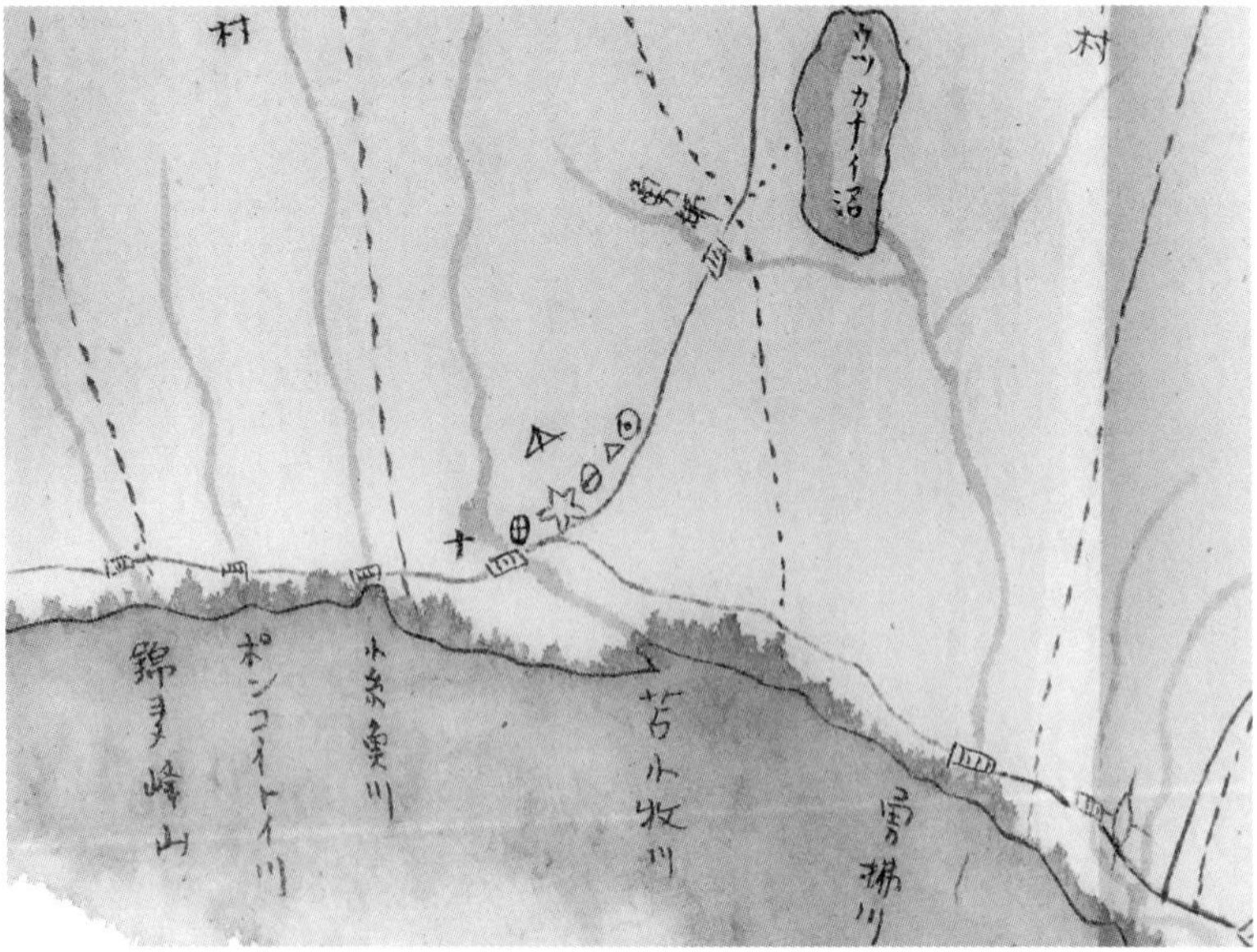

「胆振国勇払郡略図」同図部分拡大（北海道立文書館「番外簿書二一の七」）

例えば「胆振国勇払郡略図」には明治十六年の勇払郡の「郡役所（当時静内郡を管轄した）」、「戸長役場」、「病院」、「学校」、「駅逓」、「郵便局」など公的機関が記載されている。この略図により、「勇払郡役所」は当時苫小牧村1番地にあったことが特定できる。

「日高国静内郡略図」

従って「日高国静内郡略図」も「胆振国勇払郡略図」、「千歳郡略図」、「胆振国室蘭郡略図」などと同様に、札幌県「地理係」が明治十六年に完成させた図であると推定できるであろう。ただ、この図には静内郡として重要な「病院」、「戸長役場」、「郵便局」、「駅逓」が記載されているが、佐妻村と婦蟹村の位置が逆に描かれるなど不正確で信頼性を欠く地図であったと言わざるを得ない。作成した職員が現地測量をしたかどうか疑わしい。

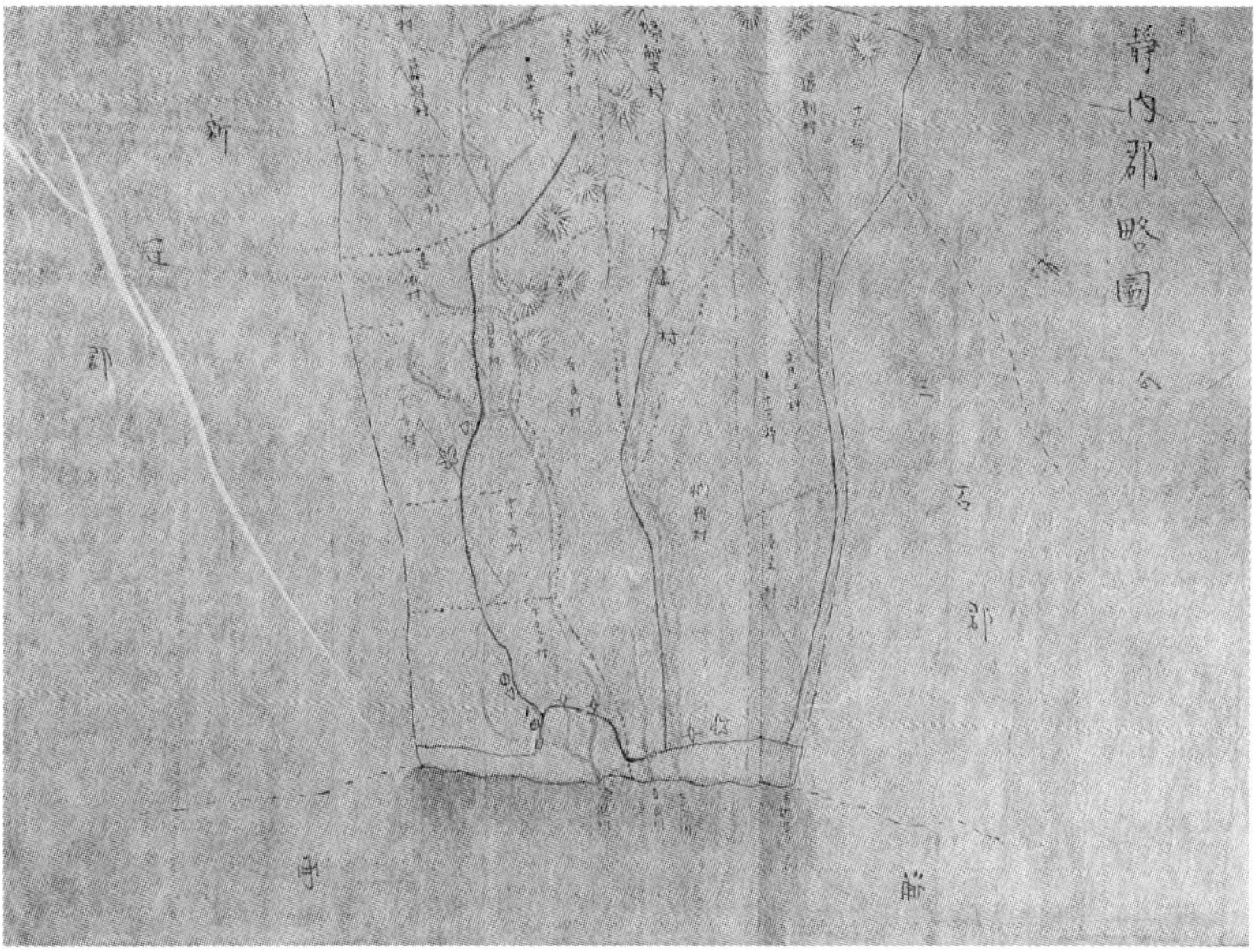

「日高国静内郡略図」（北海道立文書館「番外簿書二一の五」）

第四項　「日高国静内郡図」（新ひだか町静内博物館所蔵）を作成した人物

これまで述べたように、札幌県時代地図作成は「地理係」によって行われたことが明らかになった。なかでも、「量地科」あるいは「製図科」に所属し、かつ静内郡測量をかつて行った職員が「日高国静内郡図」を作成した可能性が高いであろう。

「地理係」で静内郡測量を行った職員

「札幌県治類典」（八一二二）により、明治十五年から十六年の札幌県勧業課「地理係」職員の出張記録を調べた。その結果「量地科」の近藤義従、大槌貞幹が明治十五年に静内郡に出張していたことが判明した。なお、明治十六年に静内郡に出張した職員はいなかった。

近藤義従の業務は「静内郡外四郡耕宅地調査ノ件」で静内郡滞在は二日間、下々方村に十月十一日到着、十二日「原條新次郎外二名之耕地ヲ測ル」と耕地・宅地払い下げのための測量を行い、十三日に新冠郡に移動していた。実は、近藤義従はかつて「地理係」の同僚であった原條新次郎の耕地測量を行っていた。

一方、大槌貞幹は「日高国静内郡外三郡各邨人民払下出願ノ地所調査」を命じられ、静内郡、三石郡、様似郡などで払い下げ申請のあった土地の測量・割渡しを行った。静内郡には明治十五年五月二十七日から七月十九日まで滞在し、地所の割渡しと「下々方村ヨリ上下方村マテ村道測量」、「村堺路線ヨリ量テ」、「各村堺路線ヲ定メ」、「市父村ニ至リ割渡繋線測リ下々方村ニ至ル」など大がかりな測量を行った。

次が「札幌県治類典」（八一二二）の大槌貞幹の「復命書」の一部である。

「日高国静内郡外三郡各邨人民払下出願ノ地所調査ノ命ヲ奉シ過ル五月二十七日庁下ヲ発シ同三十日静内郡下々方村ニ至リ郡役所出張所ニ於テ割渡手続等協議翌三十一日ヨリ就業追々北東ニ連ナル中下方、上下方、目名、遠払、市父等海岸ニ沿フテハ有良、捫別、春立等ノ各邨割渡序ヲ以テ邨道或ハ川筋ニ拠リ繋ヲ取リ一邨毎全図編成ニ意ヲ注キ異日旧懇ノ耕宅地ヲモ謄写スルノ便ヲ図ラントスルモ（中略）且該方面総テ邨市調査未済ニテ邨界明瞭セス故ニ割渡地最寄道路川沢ニ繋キテシメ公道又ハ海岸ニ量テ其距離ヲ得外三郡皆比例ヲ以テ量了セリ静内郡ハ七月十九日ヲ以テ整頓」

筆者が注目したのは、「一邨毎全図編成ニ意ヲ注キ」とあるように、大槌貞幹が全図作成を念頭に各村毎の測量を行っていたことである。「該方面総テ邨市調査未済ニテ邨界明瞭セス」から、明治十五年静内郡の全村測量が未完成で村の境界は不明であったこと、「割渡地最寄道路川沢ニ繋キテシメ公道又ハ海岸ニ量テ其距離ヲ得外三郡皆比例ヲ以テ」から公道・海岸を基準に距離を求め、測量できないものは比例計算で予測値を出すなど工夫し測量を行ったことが明らかになった。

大槌貞幹の経歴

静内郡測量を行った大槌貞幹は、どんな経歴の人物だったのであろうか。「札幌県官吏履歴書」（八六二七）によれば、彼は岩手県管下陸中国南岩手郡加賀野百三拾三番地出身の平民で岩手県、内務省、開拓使、札幌県に勤務し、勧農、教育、地租、山林、地理など幅広い分野で活躍した人物である。

明治五年五月岩手県寄木平開墾地勧農役申付候事

明治九年三月甲子村甲子学校六等教授拝命同年七月依願免職務
明治十一年十一月同県地租課地租係申付候事
明治十一年十二月同課地理課常務係申付候事同十三年四月依願免職務
明治十三年五月同県出張内務省山林局出張所事務申付候事
明治十三年五月内務省山林局雇申付候事
明治十三年十月十四日開拓使民事局地理課申付候事　月俸金拾壱円
明治十三年十月十四日開拓使民事局地理課雇申付候事
明治十五年四月八日開拓使残務取扱申付候事
明治十五年四月八日札幌県勧業課地理係事務取扱申付候事　月俸金拾壱円
明治十五年四月八日札幌県勧業課地理係雇申付候事
明治十七年一月十日札幌県月俸金拾弐円

同履歴署に大槌貞幹の退職の記録はなく、退職年を特定することはできない。しかし、明治十七年八月二十九日以降札幌県「地理係」の文書に彼の名前を捜すことはできない。

大槌貞幹が「日高国静内郡図」を作成したと推定

「日高国静内郡図」は情報量の多い図である。このような図を作成するには相当の調査を必要としたであろう。描かれた情報を個別に開拓使文書などと照合した結果、同図成立年は明治十六年以降と推定された。「札幌県治類典」（八一二二）により、これ以前に静内郡測量を行った「地理係」職員の有無を調査した結果、すでに述べた通り「量地科」大槌貞幹が明治十五年静内郡に二ヵ月滞在し全図作成を念頭に各村の測量を行っていたことが判明している。従って「日高国静内郡図」を作成した可能性が高いのは大槌貞幹と推定される。なお、彼の自筆の出張復命書と同図の筆跡鑑定が可能であればより明確なことが言えるであろう。

ただ、同図には腑に落ちない点がある。大槌貞幹は札幌県勧業課「地理係」の職員であった。しかし、同図には当時静内郡に明らかに存在していたはずの「戸長役場」、「下々方郵便局」、「札幌病院静内出張所」など公的機関の記載がなかった。札幌県作成の地図に静内郡の重要な施設の記載がないことは通常では考えにくい。なぜであろうか、筆者は同図は札幌県の業務の一環ではなく、静内郡関係者からの依頼によって作成された可能性があるのではないかと推測している。

しかし、誰が、どんな意図で「日高国静内郡図」の作成を依頼したのか、また、なぜ同図は新ひだか町静内博物館に所蔵されているかは分からない。

「日高国静内郡図」から見えたもの

筆者の高祖父の名前を地図上に発見したことから始まった二枚の静内郡図についての調査は、結果として松本十郎の静内漁場改革のはじまりとその後を具体的に明らかにしたと言える。「日高国静内郡図」は明治十六年以降もアイヌ住民、稲田家移住民、及川甚兵衛の漁場が「拝借地」として静内郡海岸に存在していたことを明らかにしていた。

「巡察使一件録」(A5-2 11)は、明治十六年の札幌県各郡の状況を記録した文書である。同文書により、同年の静内郡の様子を紹介したい。総人口は二千四百九十四人、そのうち士族三百二十五人(13%)、アイヌ住民一千六百三十二人(65%)であった。札幌県で最もアイヌ住民数が多かったのは静内郡である。静内郡の特色は、士族やアイヌ住民の人口が多いことであった。学校はすでに述べたように高静小(生徒数七十名)、捫別分校(生徒数十九名)の二校であったが、未就学児は四百十二名にのぼっていた。戸長役場は下々方村三十二番地に置かれ、郡吏・村吏四人で事務を行っていた。公立病院は「静内郡ハ下々方村ニ置キ静内公立病院ト称シ静内新冠二郡ノ患者ヲ取扱ヒ」と静内・新冠両郡の患者の診察に当たっていたことが判明した。ただ、医員一名・衛生委員二名の体制であった。郵便局(四等局)、駅逓も下々方村にあった。駅逓が下々方村十一番地にあり、取扱人が及川甚兵衛であったことは前述の通りである。ただ、郵便局も駅逓に併設していた可能性がある。

同文書は漁場に関し次のように述べている。「静内郡旧土人ハ(中略)既ニ全部ノ過半ハ該海面ヲ有スルニ至ル」すなわち、アイヌ住民の大半は漁場を経営していたことが判明した。特に、松本十郎のアイヌ住民に配慮した昆布税の減額、海産税の現物納入への変更を伴う漁場解放により、静内郡の昆布漁は盛況となり「所轄内興起ノ物産ニシテ未タ此右ニ出ルモノアラサルナリ」と評されるまでになっていた。漁場数も昆布漁場二百十五カ所、鰯漁場四カ所、鮭漁場四カ所(海二カ所、川二カ所)と大幅に増えていた。なかでも圧倒的に増えたのはアイヌ住民が中心を占めた昆布漁場であった。明治八年人々に自立を促すため松本十郎がはじめた漁場改革は、ねらい通りの成果をあげていたことを札幌県文書は示していた。

「日高国静内郡図」から、松本十郎の漁場改革のその後、稲田家住民が下々方村に創建した神社など他の絵図が描かなかった静内郡の人々の営みが見えてくる。

おわりに

今二枚の静内郡図について調べを終え、四代前の高祖父及川甚兵衛を軸とする開拓使文書の翻刻・整理を終えたことに心から安堵している。ささやかな本書ではあるが、静内郡の歴史や開拓使大判官松本十郎に興味を持つ方の参考に少しでもなるなら望外の喜びである。

新ひだか町静内郷土館を訪れた時、館員の斉藤大朋氏に「日高国静内郡図」を見せていただいた。その時初めて、かつて静内郡海岸に「及川甚兵衛拝借地」なるものが存在していたことを知った。それが高祖父や静内郡の歴史について興味を持ち始める大きなきっかけを与えてくれた。

本書作成の過程は予想以上に時間と根気を必要とする調査の連続であった。しかし、この過程で二人の人物に「出会う」ことができたように思う。一人は松本十郎である。彼は識見に富んだ優れた開拓使大判官として広く知られた人物である。しかし、今回「静内郡之図」（図類二三六 北大）を通じて、彼の行政官として優れたリーダーシップ、弱者に寄り添う人間性に触れることができた。また、筆者の高祖父が漁場経営を始めたのは、松本十郎の静内漁場改革の一環であったことも知った。今は松本十郎を歴史上の人物としてだけでなく、何かより身近な存在として感じられるようになった。

もう一人は福士成豊である。彼との最初の出会いは「北海道巡視御用留」というある古文書を読んだ時であった。

一　教師者道路難渋ニ付甚タ疲連休足し福士壱人ニ而當村浦手之方山尾江登り海岸より向ふ山躰を量り即次ニ印

（「御雇外国人は険しい山道に疲れ果て動けなかったため、福士一人で当村裏山の稜線から湾の向こうの山体を測量しこれを記録」）

特に、明治四年に書かれたこの記述に驚いたことから、拙著『福士成豊、田本研造、「御雇外国人」が記録した北海道近代化の幕開け』（二〇一三年、北海道出版企画センター）を出版した経緯がある筆者にとって忘れられない人物であった。今回、図らずも福士成豊が明治十六年に書いた文書を読む機会があり、なつかしい人と「再会」したような不思議な感覚を覚えた。

最後に、本書作成にあたってお世話になった北海道立文書館閲覧室、札幌市文化資料室、北海道大学附属図書館北方資料室、新ひだか町博物館、日高町立門別図書館郷土資料館、新冠町郷土資料館の皆様に感謝したい。特に、主な出典を一次史料に求めたため、札幌市文化資料室榎本洋介氏、北海道立文書館閲覧室三浦久美子氏には一方ならぬご指導を頂き深く感謝したい。

また、本書の編集発行を快く引き受けていただいた北海道出版企画センターの野澤緯三男氏に感謝申し上げたい。

引用・参考文献

「諸願伺留」(二〇六)
「私事願伺届」(三四五)
「私事願届」(三四九)
「私事願伺届」(三五〇)
「開拓使管轄第三大区戸籍之二」(四五七)
「免官物故履歴調」(九〇四)
「浦河支庁諸伺届留」(九七〇)
「庶務民事課往復留」(九七一)
「静内来書留」(一一九八)
「郵便諸留」(一二五二)
「郡中達留」(一二七八)
「本庁庶務局往復」(一二八〇)
「物産局往復留」(一二八一)
「会計局往復留」(二〇四三)
「駅逓諸所文移録」(二四九三)
「加藤幾造一件」(二六七八)
「明治十二年静内製藍」(三八三七)
「諸所文移録」(三八六一)
「神社教導書類」(三八七六)
「郵便文移録」(三八九四)
「沙流新冠静内各郡海産干場貸地録」(四六四二)
「開拓使公文録」(五六〇四)
「開拓使公文録」(五九七四)

「辛未年里程調書綴込」（六三〇五）
「札幌県治類典」（七四一三）
「稟議上申録」（七八八五）
「札幌県治類典土地測量」（八〇七九）
「札幌県治類典」（八一二二）
「札幌県治類典」（八一四五）
「札幌県官吏履歴書」（八六二七）
「札幌県治類典」（八六八六）
「札幌県治類典　付録」（八八〇二）
「札幌県治類典　付録」（八八〇六）
「札幌県治類典　雑」（八八一二）
「巡察使一件録」（A5―2　11）
「品川大輔北海道巡回日記」（別九一五　北大）
『静内町史』（静内町昭和三十八年版）
『静内町史』（増補改訂版）静内町昭和五十年版）
「明治初期の静内郡絵図に関する若干の考察」（平井松午・羽田野正隆『北海道地理』一九九一）
『北海道建設人物辞典』（高木正雄編　北海道建設新聞社　二〇〇八）
『飯田信三伝』（飯田和質著　株式会社文芸社　二〇一二）
『福士成豊、田本研造、「御雇外国人」が記録した　北海道近代化の幕開け』（及川邦廣編著、北海道出版企画センター
二〇一三）
『開道五十年記念北海道』（沢石太編著、鴻文社　一九一〇）
『蝦夷から北海道へ』（吉田武三著、北海道新聞社　一九七六）
『さらば：えぞ地　松本十郎伝』（北国諒星著、北海道出版企画センター　二〇一〇）
『北海道移住回顧録』（静内町郷土史研究会　二〇〇四）

写真出典

「静内郡之図」（図類二三六北大）
「静内郡絵図面」（図類二三四北大）
「日高国静内郡区画図」（図類二三五北大）
「日高国新冠郡牧場之図（図類三四二北大）
「北海道歴検図　日高洲上」厚別（図類四九二―二一―五一三　北大）
「北海道歴検図　日高洲上」シュビチャリ（図類四九二―二一―五一六　北大）
「北海道歴検図　日高洲上」ウセナイ（図類四九二―二一―五一七　北大）
「日高国静内郡略図」（北海道立文書館「番外簿書二一の5」）
「胆振国勇払郡略図」（北海道立文書館「番外簿書二一の7」）
「浦川往復」（北海道立文書館　六二四、件名16）
「浦河支庁諸伺届留」（北海道立文書館九七〇件番号13）
「民事局往復」（北海道立文書館　一二七九件番号94）
「札幌県治類典」（北海道立文書館　八六八六件番号11）
「札幌県治類典」（北海道立文書館　八八〇二件番号55）
「札幌県治類典」（北海道立文書館　七四一三件番号13）
「日高国静内郡図」（新ひだか町博物館所蔵）
「明治大正期北海道（写真編）」から転載、開拓大判官　松本十郎

その他の写真筆者撮影

著者略歴

及川《おいかわ》　邦廣《くにひろ》

1948年　北海道静内郡静内町生まれ（現新ひだか町）

全国通訳案内士

札幌市中央区在住

松本十郎の漁場改革と
新ひだか町静内の歴史
―及川甚兵衛が語る明治初期の静内―

発　行　2019年９月15日
編著者　及　川　邦　廣
発行者　野　澤　緯三男
発行所　北海道出版企画センター
〒001-0018　札幌市北区北18条西６丁目２-47
電　話　011-737-1755
ＦＡＸ　011-737-4007
振　替　02790-6-16677
ＵＲＬ　http://www.b-ppc.com/
E-mail　hppc186@rose.ocn.ne.jp
印刷所　㈱北海道機関紙印刷所

ISBN978-4-8328-1906-1　C0021